幼儿园玩教具制作与运用

时晓芳 著

西南交通大学出版社
·成都·

图书在版编目（CIP）数据

幼儿园玩教具制作与运用 / 时晓芳著. —成都：西南交通大学出版社，2022.8
ISBN 978-7-5643-8864-5

Ⅰ. ①幼… Ⅱ. ①时… Ⅲ. ①幼儿园 – 自制玩具②幼儿园 – 自制教具 Ⅳ. ①G614

中国版本图书馆 CIP 数据核字（2022）第 148894 号

You'eryuan Wanjiaoju Zhizuo yu Yunyong
幼儿园玩教具制作与运用

时晓芳　著

责 任 编 辑	何宝华
封 面 设 计	阎冰洁
出 版 发 行	西南交通大学出版社 （四川省成都市金牛区二环路北一段 111 号 西南交通大学创新大厦 21 楼）
发行部电话	028-87600564　028-87600533
邮 政 编 码	610031
网　　　址	http://www.xnjdcbs.com
印　　　刷	四川煤田地质制图印刷厂
成 品 尺 寸	185 mm × 260 mm
印　　　张	16
字　　　数	360 千
版　　　次	2022 年 8 月第 1 版
印　　　次	2022 年 8 月第 1 次
书　　　号	ISBN 978-7-5643-8864-5
定　　　价	48.00 元

图书如有印装质量问题　本社负责退换
版权所有　盗版必究　举报电话：028-87600562

序 一

抹不掉的幼教情缘

喜闻时晓芳园长要将长期在幼儿园教育实践中积累的玩教具制作及实际运用的案例出版，对于她扎根幼儿园教育实践、扎根本土教育资源挖掘的教育情愫深感欣慰！

笔者作为一名学前教育工作者、研究者，热衷于奔走在幼儿园教育实践场域，与时晓芳园长的邂逅亦源于幼儿教育情结。自1997年调入城区幼儿园工作，时晓芳将之前在农村教育工作中搜集的本土的、原生的、环保的生活资源带入幼儿园教育实践，探索幼儿园玩教具制作；2013年从事幼儿园管理工作后，她充分利用幼儿园坐落于城乡接合部的天然优势，将周边丰富的自然资源及幼儿园1 000平方米的种植农庄作为"田园课程"开发的"自留地"，带领全体教职工开发了一系列玩教具并在幼儿园全面实施。目前，尽管工作地点已然位于繁华的闹市区，她依然致力于打造高质量的幼儿园教育环境，在幼儿园内部治理中重视玩教具对于幼儿发展的独特意义和价值。

陈鹤琴先生认为"应根据幼儿的特点，多给幼儿感性的知识，创造各种环境和条件，多让儿童接触大自然和大社会，多观察，多活动，扩大他们的眼界"（1979），并且他认为环境给予幼儿什么样的刺激，幼儿就获得什么样的经验。幼儿园自身的教育特点是"要为幼儿提供健康、丰富的生活和活动环境，满足他们多方面发展的需要，使他们在快乐的童年生活中获得有益于身心发展的经验"。因此，幼儿园环境创设能力是幼儿园教师必须具备的专业核心能力之一。

幼儿园环境创设要充分发挥其教育功能，这就要求幼儿园教师能够充分利用生活中的各种材料"唤醒"幼儿主动性，引导其在与材料的互动中建构经验，从而获得身体、认知、情感、社会性诸方面的全面发展。教师在此过程中如何观察、引导幼儿与材料的互动使之更有意义，促进幼儿在最近发展区内达到更高的发展水平，是衡量幼儿园教师专业能力的关键。

《幼儿园玩教具制作与运用》充分挖掘自然材料及生活中的废旧材料，运用幼儿园大量的玩教具教育实践案例为幼儿园教师提供了实践指南。其中，第一篇章《玩教具设计与制作实例》详细介绍了利用自然材料及废旧材料制作玩教具的方法；第二篇章《自制玩教具与户外游戏操作图解》，记录了教学和孩子学习的真实过程；第三篇章《自制玩教具与幼儿游戏活动》和第四篇章《自制玩教具与体育活动案例》列举了自制玩教具在幼儿园户外游戏及户外体育中的生动案例。在当前课程游戏化的幼儿园教育改革背景下，这些生动鲜活的案例为职前培养学前教育师资的高校提供了丰富的幼儿园教育实践资源，同时也为一线幼儿园教师利用资源、引导幼儿与环境互动提供了启示与思考。

在当前课程游戏化的幼儿园教育改革如火如荼开展的大背景下，在课程实施过程中制作玩教具是必不可少的，但是应避免以教师为中心的玩教具制作。幼儿园玩教具的制作和运用是与其所处的教育生态情景紧密相连的，借鉴运用亦应根据实际教育情境灵活变化，亦可探索在玩教具中嵌入多种相关经验，引导幼儿在玩耍中深度学习。

李红霞

2022年1月于铜仁墨香苑

李红霞，中共党员，铜仁学院教育学院教授，贵州师范大学-铜仁学院联合培养教育硕士专业学位研究生导师；主持贵州省重大招标课题1项、省教育规划课题1项，公开发表论文近20篇；铜仁市市级示范幼儿园评估专家、铜仁市兼职教研员；曾获贵州省第五届中小学（幼儿园）教学成果奖二等奖、贵州省第四届教育科学研究优秀成果奖二等奖、贵州省第五届大学生艺术展演高校艺术教育科研论文一等奖、贵州省社科联系统大调研工作三等奖、铜仁学院第一届卓越教育奖"青年教学奖"。

序 二

将热爱洒向自然教育

教育回归自然越来越成为儿童身心健康发展的迫切需要。教师不能忽视儿童的特点,更不能按照传统与偏见强制幼儿接受违反自然的教育,干涉或限制幼儿的自由发展。陈鹤琴先生指出:"玩教具不是仅仅供儿童玩笑的、快乐的,实在含有科学游戏的性质。"而幼儿园玩教具在"游戏化"教学中应当践行这一观点,在幼儿探索和创新的过程中,自制玩教具有着其他活动不可代替的作用。

在幼教这片领域中,我经历了从农村走向城区、从一所历史较长的老园走向一所改建的新园,再走向另一所新建园的过程。其间,我的幼教理念也经历了三个阶段的变化。

首先是"梦想起航"阶段。这个阶段玩教具稀少,教学模式单一。为了丰富孩子们的学习生活,我便耐心地动员家长和孩子们一起利用农村的树木、废旧的纸张、鸡毛、稻草、野草秆、石子等自然的、废旧的材料做玩教具,开展了一系列民间游戏及常规的教学活动。在这个简单、朴实的环境中,我走过了幼教工作的第一个里程。其次是"自然教育,理念初萌"阶段。这个阶段我的身边是一群城区的孩子,我大胆地开展了一系列亲子活动,带幼儿走入大自然,走进社区,将自然资源、社区资源带入幼儿活动中,并时刻记录着实践中幼儿的探索方法与结果。从这时起,我开始尝试着将自己教师的角色从"前台"向"后台"定位,将孩子的学习方式,从"他主"向"自主"转变。最后是"自然课程,播撒芬芳"阶段。工作环境的又一次变化,让我对"自然课程"的理解有了新的认识。于是我开始尝试去研究、探索自然课程,将自然资源作为教学的切入点,让幼教课程生活化、游戏化、系统化,也形成了自己的具有个性的自然教育理念。

在我经历的三个阶段中，自然资源的利用始终是我教学工作的突出元素。而我的家乡铜仁是一个有着丰富资源的山城，我在教学及设计制作玩教具的过程中，充分利用当地自然资源，坚持"变废为宝""以游戏为基本活动"的原则。根据各年龄段幼儿发展需要，多角度自制了一系列层次化、多功能化的玩教具，来促进幼儿的身心多元化发展。

一路前行，几多惊喜。当信笔涂鸦的文字被发表时我才发觉，一个不经意间的努力也会有小小的收获。于是我便打算把近些年的自然资源在教学中的运用进行一次梳理，结果还真的令人欣喜，一本集子就这样出现在了我的面前。集子分为《玩教具设计与制作实例》《自制玩教具与户外游戏操作图解》《自制玩教具与幼儿游戏活动》《自制玩教具与体育活动案例》四个篇章，且连贯性较强。这些是我近年来自制的玩教具的制作解析，也是近年来我对教学过程的记录和孩子学习的真实案例，更是我近年教学痕迹的真实再现。

于是一个题目忽然跳入脑海：幼儿园玩教具制作与运用。这个书名虽然平淡，也缺少幼教学科应有的诗意。然而，我奉行的就是朴素唯真，让集子很淡雅地放置案头。本集子的形成为年轻的一线教师在引导幼儿游戏、利用资源等方面提供了依据，同时也为教师在玩教具设计与运用方面提供了参考与启示。

集子形成，离不开我走过的幼教讲台和我教过的孩子们，是他们在学的过程中反推我教的成长，是孩子们天真的笑脸和渴望的双眼让我有了大胆前行的勇气。为此，我要感谢我的孩子们。我也要感谢多年来关心、支持、鼓励我的领导和同行，没有领导为我搭建释放激情的平台，就没有我思考的动力；同样，没有同行的指点和帮助，我甚至可能还在教学中更艰难地探索。我更要感谢铜仁学院李教授，有了她的指导和帮助，才有了我这一点小小的成绩。我还要感谢我工作团队中所有的成员、教师们，没有她们的实践操作与一路陪伴，我的孤独前行必定会伤痕累累。

利用废旧材料制作玩教具已成为有效、实用、现实的一种教学方式和方法。当然，自制玩具对幼儿社会性的培养只是冰山一角，我希望从这一角开始，做得尽善尽美，既要融教育性、游戏性、科学性、安全性、创新性、实用性于一体，又要努力把儿童观、教育观和游戏观融入其中，使教师乐教，孩子乐学，真正能够达到做中学、玩中学的目的。

时晓芳
2022 年 1 月

目 录

第一篇章　玩教具设计与制作实例

一　竹　趣 2
二　抛接乐 5
三　拼拼乐 7
四　扣扣乐 9
五　彩色纸棒 11
六　多功能环保游戏棋 13
七　魔幻纸筒 15
八　好玩的纸球 18
九　彩色布带 20
十　滚滚乐 22
十一　瓶罐游戏 24
十二　网罐对对碰 26
十三　炫舞跳跳毯 28
十四　趣味竹宝宝 30
十五　趣味书屋 31
十六　百变纸筒 34
十七　快乐一罐 37
十八　取暖器大变身 39
十九　开心台球 41
二十　大街上 43
二十一　竹韵乐坊 44
二十二　趣味彩条 46

第二篇章　　自制玩教具与户外游戏操作图解

一　爬　绳 50
二　赶小球 50
三　钻爬网 51
四　拼　版 52
五　踩高跷 52
六　纸筒棒 53
七　玩　绳 54
八　布　棍 54
九　跨　栏 55
十　投掷网 56
十一　趣玩广告条 56
十二　钻山洞 57
十三　钻　箱 58
十四　爬爬乐 58
十五　小脚印 59
十六　圈　网 60
十七　粘粑球 60
十八　竹　竿 61
十九　梅花桩 62
二十　彩虹伞 62
二十一　多变钻圈 63
二十二　木翘板 64
二十三　布尾巴 64
二十四　沙　包 65
二十五　彩纸棒 66
二十六　巧搭建 66
二十七　走梯子 67
二十八　平衡挑挑 68
二十九　滚彩球 68
三十　跳拍球 69
三十一　障碍运球 70
三十二　跳小河 70
三十三　报纸运物 71
三十四　骑　马 72
三十五　跳纸盒 72

三十六　倒爬绳 73
三十七　玩石 74
三十八　玩瓶罐 74
三十九　龙　趣 75
四十　跳　圈 76

第三篇章　　自制玩教具与幼儿游戏活动

游戏 1　探索爬绳 78
游戏 2　竹席滚滚 79
游戏 3　踩高跷 80
游戏 4　摘果子 81
游戏 5　纸箱迷宫大闯关 82
游戏 6　蜗牛爬爬 84
游戏 7　百变布棍 85
游戏 8　魔力水管 86
游戏 9　快乐爬爬板 87
游戏 10　垫子变变 88
游戏 11　圈网趣多多 89
游戏 12　巧玩纸棒 90
游戏 13　瑜伽垫变形记 91
游戏 14　平衡挑挑 93
游戏 15　玩转跳绳 94
游戏 16　投投箱 95
游戏 17　好玩的纸球 96
游戏 18　五彩纸棒 97
游戏 19　投球小能手 98
游戏 20　趣味钻爬网 99
游戏 21　创意小推车 100
游戏 22　巧玩拼板 102
游戏 23　小水桶的乐趣 103
游戏 24　勇敢的运输员 104
游戏 25　乐乐跳箱 105
游戏 26　报纸小河 106
游戏 27　铝箔扭扭管 107
游戏 28　瓶盖翻翻乐 108

游戏 29　小小推车手 110
游戏 30　快乐粘耙球 111

第四篇章　自制玩教具与体育活动案例

小班体育活动案例
- 一　快乐转圈圈 114
- 二　小兔捉迷藏 115
- 三　纸筒滚滚乐 116
- 四　绳绳变小路 117
- 五　巧玩报纸 118
- 六　方位变变 119
- 七　勇敢的小鸡 120
- 八　勇夺小旗 122
- 九　小猫与老鼠 123
- 十　爬爬宝贝 124
- 十一　小猪快快跑 125
- 十二　瓶娃娃碰碰碰 126
- 十三　小鸭嘎嘎嘎 127
- 十四　小猪胖胖 128
- 十五　宝宝运动会 129
- 十六　报纸小岛 131
- 十七　跑圆圈 132
- 十八　小马运粮 133
- 十九　小兔跳房子 134
- 二十　趣玩小竹梯 135
- 二十一　巧变纸箱 136
- 二十二　老鹰捉小鸡 137
- 二十三　网小鱼 138
- 二十四　信号小达人 139
- 二十五　看标志找家 140
- 二十六　兔宝宝采蘑菇 141
- 二十七　好玩的圈圈 142
- 二十八　齐心协力运果子 143
- 二十九　揪尾巴 145

中班体育活动案例
- 一 翻滚宝贝 146
- 二 爬行大挑战 147
- 三 带球滚山坡 148
- 四 转动的纸箱 149
- 五 滚圈背果子 150
- 六 小兔搬家 151
- 七 娃娃生病了 152
- 八 踩高跷 153
- 九 玩抛接 154
- 十 好玩的圈圈 155
- 十一 趣玩大花绳 156
- 十二 挥臂投投乐 158
- 十三 快乐大挑战 159
- 十四 助人小伙伴 160
- 十五 好玩的竹竿 161
- 十六 红蓝小勇士 163
- 十七 手臂夹球走 164
- 十八 勇炸碉堡 165
- 十九 摘果子 166
- 二十 好玩的塑料布 167
- 二十一 会变的竹圈 168
- 二十二 废纸大变身 169
- 二十三 能干的聪明娃 171
- 二十四 小鸡快快跑 172
- 二十五 巧玩纸棒 173
- 二十六 小猫钓鱼 174
- 二十七 跳圈圈 176
- 二十八 软软松紧圈 177
- 二十九 鞋盒好朋友 178
- 三十 小胖猪减肥 179
- 三十一 布袋里的秘密 181
- 三十二 小宝大闯关 182
- 三十三 巧玩垫子 183
- 三十四 双脚夹包跳 184
- 三十五 玩转身体 185
- 三十六 趣玩广告条 186

三十七	梅花桩大变身	187
三十八	小马运粮	189
三十九	动物运动会	190
四十	小马盖房	191

大班体育活动案例

一	巧玩瓶罐	193
二	小松鼠钻山洞	194
三	跳格子	195
四	翻滚乐	196
五	竹趣多多	198
六	勇战敌机	199
七	畅想广告条	201
八	胖胖熊购物	202
九	椅子运动曲	203
十	玩绳接力赛	204
十一	多变的轮胎	206
十二	袋袋乐	207
十三	舞 龙	208
十四	报纸变魔术	209
十五	矿泉水瓶的故事	210
十六	跳竹竿	212
十七	沙包大挑战	213
十八	布棍布带好朋友	214
十九	有趣的推赶球	215
二十	多变的纸球	216
二十一	垫上运动	218
二十二	火车过隧道	219
二十三	玩梯大战	220
二十四	泡沫垫的创想	221
二十五	飞盘行动	223
二十六	泡泡乐翻天	224
二十七	可乐瓶的秘密	225
二十八	勇敢的小骑手	226
二十九	纸上运动	227
三十	抛接乐	229
三十一	巧玩纸箱	230
三十二	竹条竹筒对对碰	231

三十三	竹筒运物	233
三十四	神奇的布袋	234
三十五	好玩的纸棒	235
三十六	网中大挑战	236
三十七	小士兵炸碉堡	238
三十八	趣玩沙包	239
三十九	布的联想	240
四十	纸板圈大探秘	241

第一篇章
玩教具设计与制作实例

一 竹 趣

设计制作：时晓芳
作品类别：运动类
适用年龄：幼儿园小、中、大班 3~6 岁幼儿

一、作品外形和结构

（一）主要材料

竹子（竹筒 30 个、竹块 60 块、竹梯 2 架、拉力器 6 个）。

（二）外形和结构

高 12 厘米大小不等的圆柱形竹筒若干，长约 30 厘米的半圆形竹块若干，由直径较小的竹竿拼装成的 2 架长方形竹梯和 3 个跨栏，用松紧带串接而成的拉力器 10 组，梅花桩 20 个，高跷 5 组，150 厘米长小竹竿 10 根。

图 1-1

图 1-2

二、制作方法

1. 用刀（或锯子）将竹筒管截成大约 12 厘米高的竹筒 30 个。
2. 将直径较宽的竹筒用电锯锯成等宽的半圆形竹块，再用打磨机把锯好的竹块打磨光滑。
3. 将锯好的竹竿、竹块打孔、粘贴、拼装成竹梯。
4. 用锯好的竹竿打好槽孔拼接成跨栏。
5. 用电锯将直径较小的竹筒锯成长 20 厘米左右的竹筒若干，再将松紧带从两根竹筒两端穿入缝接，制作成简易拉力器。

三、主要功能和特点

(一)主要特点

本套竹制玩具系列适用于幼儿园小、中、大班3~6岁年龄段幼儿操作,具有安全、卫生(便于清洗消毒)、环保(无污染)、经济、耐用、使用率高的特点。用途广泛,操作简单,可塑性强。可用于音乐活动、科学活动、体育活动、户外游戏活动、区域活动等。

(二)主要功能

1.竹筒:由竹筒组成的梅花桩走平衡,可横向摆放、纵向摆放、圆形摆放、曲线摆放。幼儿可根据自己的意愿自主变化方向及图形。以此训练幼儿的身体协调性、平衡能力、空间想象力、创造力。

2.竹板:作为幼儿运动时长长的步道,可横向摆放、纵向摆放、圆形摆放、曲线摆放、直角摆放等,幼儿可根据自己的意愿自主变化步道方向及步道数量,以此训练幼儿的身体协调性、平衡能力、空间想象力、思维创造力。另外竹板还可用于数学活动中认识图形;用于建构区游戏,发展幼儿的创造性思维。

3.竹梯:探索梯子的不同玩法,发展平衡走、跳跃、钻、攀爬等多种能力。在活动中要求幼儿学会自我保护,鼓励并指导幼儿创造性的玩法。

4.跨栏:锻炼幼儿的跨跳能力,提高动作协调性,发展幼儿的肢体力量,鼓励幼儿敢于挑战的精神。

5.拉力器:通过拉、握锻炼幼儿手臂力量,培养幼儿在多人游戏中的合作意识、良好个性,体验运动的快乐。

6.竹块、竹筒组合打击乐器:用于音乐游戏活动,也可适用于艺术表演,让幼儿感受韵律美,培养节奏感。

7.竹筒、竹板、竹梯、跨栏相组合:任意摆放各种障碍赛道,让幼儿自由组合、搭配,在游戏活动中训练走、跑、跳、跨、绕、攀登、平衡等技能,发展幼儿身体综合能力。

四、使用案例

1.快乐独木桥:幼儿自主用竹板搭建各种独木桥,幼儿一人或多人在独木桥上行走,训练幼儿的平衡力。

2.神秘的迷宫:幼儿用竹筒、竹块、竹梯、跨栏等创意拼搭出不同形式的迷宫图形,幼儿在拼搭和走迷宫的过程中,培养自身空间想象力、思维能力、平衡力,体验合作游戏的快乐。

3.平衡梅花桩:用较宽口径竹筒组合成梅花桩,玩跨、走等平衡游戏。

4.探究大挑战:幼儿自主探索用竹梯、竹块、竹筒等搭建、组合、穿插,拓展竹趣活动。

5.小小探究师:利用系列竹玩具自主创意搭建、拼接,培养幼儿的思维能力及创造力。

6.我是大力士：幼儿一人或多人比拼拉力，练习手臂力量。

7.彩球滚滚乐：幼儿将竹板槽相连接，使彩球在竹板槽中快速滚动，让幼儿在科学探究中体验彩球滚动的乐趣。

8.自主搭搭乐：幼儿用竹系列玩具自主进行搭建、组合、穿插、垒高等活动，培养幼儿的空间想象及思维能力。

9.小兔跳跳：幼儿自主将竹竿按不同规律摆放，一人或多人探索不同的跳跃方法。

10.快乐滚滚：玩滚滚游戏，体验竹筒滚动的乐趣。

11.技能高跷：幼儿双脚踩竹筒，双手拉线，练习走高跷。

12.平衡挑挑：幼儿将高跷的拉线挂在竹竿的两端，玩挑的游戏。

13.节奏大师：用竹块、竹筒作为打击乐器，用于音乐游戏活动及艺术表演活动，培养节奏感。

14.趣味学数：幼儿在游戏中掌握有关数的概念。

五、活动图片

图 1-3

图 1-4

图 1-5

图 1-6

图 1-7

图 1-8

二 抛接乐

设计制作：时晓芳
作品类别：运动类
适用年龄：幼儿园中、大班 4~6 岁幼儿

一、作品外形和结构

（一）主要材料

呼啦圈、废旧布料、松紧带数条、废旧纽扣数颗、塑料皮球若干个、废旧报纸。

（二）外形结构

小型呼啦圈用松紧带编而成的抛接网若干，小型呼啦圈用废旧布料及松紧带编而成的抛接盘若干，报纸球若干，塑料小球若干。

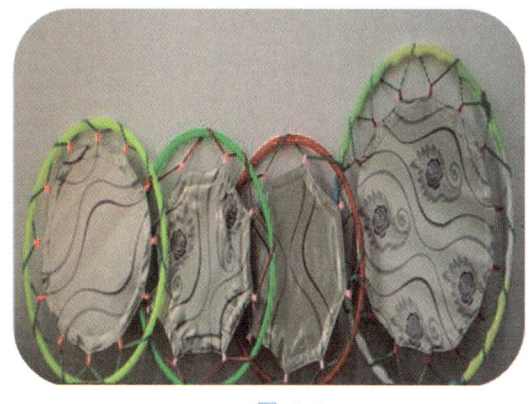
图 2-1

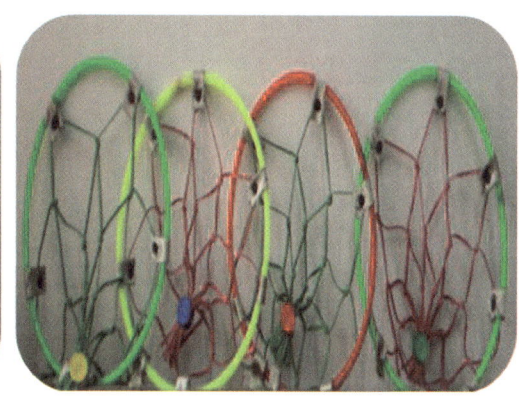
图 2-2

二、制作方法

1.将松紧带编织在小型呼啦圈上、尾部收口并用大纽扣固定,编织成网状的球筐。
2.根据呼啦圈的大小,取布料裁剪并制成比呼啦圈略小的圆形或八边形,并在边沿按一定距离缝上穿线扣,用松紧带将圆形或八边形与呼啦圈串联在一起,制作成抛接盘。
3.用废旧报纸制作成纸球若干。

三、主要功能和特点

(一)主要特点

本套抛接玩教具适用于幼儿园中、大班4~6岁幼儿操作,具有操作性、实用性、安全性、环保性;结构简单、便于拆洗,具有方便、经济、耐用、使用率高的特点。场地不限,可用于体育活动、游戏活动、区域活动等。

(二)主要功能

1.在游戏中学习抛接球的技能,初步培养幼儿的团队意识,体验合作游戏的乐趣。
2.增强幼儿肢体力量,尤其是手的握力和手臂力量。
3.促进幼儿大肌肉发展及协调、平衡、控制的能力。
4.通过抛接游戏,发展幼儿的空间知觉、方位知觉以及持久的注意力。
5.发展幼儿的平衡能力、灵敏度,培养幼儿勇敢、自律、沉着等心理素质及意志品质。
6.培养勇敢精神,能以积极的心态面对挑战,能大胆独立地尝试新的玩法。培养规则意识,建立良好的秩序感。

四、使用案例

1.好玩的跳跳屋:幼儿用双腿在"抛接盘"上进行来回跳房子。(方法:单脚跳、双脚跳、跨跳、间隔跳)。
2.抛接乐:幼儿用"抛接盘"和"纸球、篮球、沙包"等进行抛接,学习抛和接球的技能,训练手的握力和手臂力量。(方法:对抛对接、交叉抛接、独立抛接、边走边抛接、转圈抛接、圆盘两两拼接抛接、圆盘圈网对抛接等)。
3.开心接龙:幼儿用"抛接盘"玩传递接龙,体验合作的乐趣。
4.同心协力加油走:幼儿用"抛接盘"边走边抛、转圈抛接,训练幼儿的脑、手、眼、脚的灵活性,肢体的协调能力。
5.金色盾牌:用布条一个一个连接抛接盘,形成一个"盾牌",玩追逐、躲避和遮挡游戏。
6.小小搬运工:幼儿多人配合用圆盘、圆网完成运球、运物任务,培养幼儿的动作协调性、团结合作意识,以及快速跑的技能。

7.自主探究抛接：充分发挥幼儿的想象，让幼儿自主探索，拓展出创新的抛接方法。

五、活动图片

图 2-3

图 2-4

图 2-5

图 2-6

三 拼拼乐

设计制作：时晓芳
作品类别：益智类
适用年龄：幼儿园大、中、小班 3~6 岁幼儿

一、作品外形与结构

（一）主要材料

废旧 KT 板、木板，白纸、银色、彩色不干胶，胶水。

（二）外形结构

长方形模板 4 块，KT 板模板 8 张，大小熊拼图卡若干。

图 3-1

图 3-2

二、制作方法

1.用 KT 板裁剪成 40 厘米×100 厘米拼图木板模板 4 块，分别镂空雕刻出排列不同的小熊图案，再将 KT 模板牢固粘贴在木板上。

2.用 KT 板裁剪成 40 厘米×60 厘米拼图 KT 板模板 8 块，分别镂空雕刻出排列不同的小熊图案。

3.用 KT 板刻画出大大小小、形状各异的小熊卡片若干套。

4.分别将小熊各部分的彩色图片贴在 KT 板卡片上，将小熊的头部、身体、腿部分别剪开。

三、主要功能和特点

（一）主要特点

本玩教具的创意来源于幼儿生活，适合幼儿园 3~6 岁幼儿游戏。拼拼玩玩，组组装装是幼儿的天性，本玩具以"拼拼乐"为题设计制作了操作性较强的"拼拼乐"创意拼系列。此玩具有着构思的巧妙性、设计的新颖性、结构的简洁美、形式的多样美、操作的适用美、利用的灵活美等特点。真正地服从幼儿情感表达的需要，符合幼儿的生活实际等特点。

（二）主要功能

1.通过若干套不同服饰图案的小熊任意搭配，灵活幼儿思维，培养幼儿的手眼协调能力。

2.在练习拼图中学会寻找物体的对应关系，操作的过程有助于幼儿手指的灵活运动。

3.通过创意拼凑、组合、排列，培养幼儿的专注力及耐力，发展幼儿的逻辑思维与空间概念。

4.培养手指取、拿、抓、握物体的能力。

5.在操作中培养对颜色、形状的认知，刺激脑部的发展，提升幼儿的空间想象及逻辑思考能力。

四、活动图片

拼图提示：幼儿自由组合，选取拼图模板，观察模板上小熊的大小，找出图卡进行拼图练习，小熊的衣服、裤子可以任意搭配。一块模板可以拼出若干套不同颜色、不同花纹的小熊来，拼图千变万化，百拼不厌。幼儿在自由组合、拼凑的过程中有了逻辑与空间的概念以及对颜色、形状的认知。

图 3-3

图 3-4

四 扣扣乐

设计制作：时晓芳
作品类别：益智类
适用年龄：幼儿园中、大班 4~6 岁幼儿

一、作品外形与结构

（一）制作材料

彩色布头、棉花、纽扣、针、棉线、胶水。

（二）外形结构

直径 35 厘米的向日葵 4 个，缝制有花瓶的模板一张，有扣眼的彩色布条若干。

 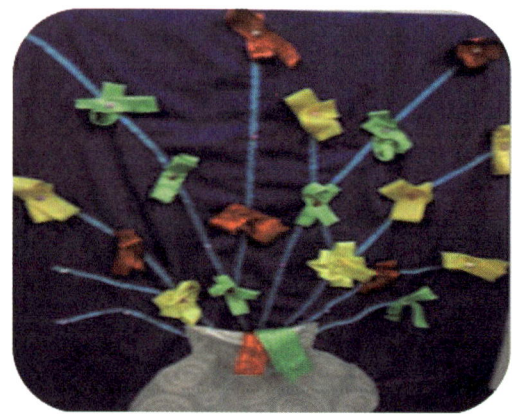

图 4-1　　　　　　　　　　　图 4-2

二、制作方法

1.将废布料画、剪成圆形,将两个圆形进行缝制,其中塞进棉花制作成向日葵的圆朵,再剪 48 个叶片形布片,将 2 张叶片缝制成 24 个花瓣。

2.缝制若干根绿色布条或彩色布条,将花瓣和布条分别剪上扣眼,并将扣眼用棉线锁边。

3.在向日葵花朵上按一定规律钉上纽扣。将花瓣布条分别扣在花朵上。

幼儿根据自己的意愿将绿色布条和花瓣扣在向日葵花朵上或花瓶上,用拉长扣、重叠扣、交叉扣等形式,发展幼儿手指灵活性。

四、主要功能及特点

(一)主要特点

本玩具的设计思路来源于幼儿生活中的玩具抱枕。玩具能巧妙地将幼儿的生活经验与游戏融合,结合幼儿喜欢组组装装的天性制作而成,具有安全性、环保性、美观性、操作性等特点,适合于幼儿园中、大班 4~6 岁幼儿操作。

(二)主要功能

1.通过多样化的拼扣,灵活幼儿手指,发挥幼儿的自主性。操作的过程有助于加强小肌肉的运动。

2.培养幼儿的手眼协调能力、持久的专注力及做事情的耐力。

3.通过创意纽扣,培养幼儿的创造思维及审美能力。

图 4-3

图 4-4

五 彩色纸棒

设计制作：时晓芳
作品类别：益智类
适用年龄：幼儿园大、中、小班 3~6 岁幼儿

一、作品外形与结构

（一）制作材料

废旧报纸、彩色蜡光纸、透明胶布、不干胶。

（二）外形与结构

40 厘米长的红、绿、黄、蓝、紫等彩色纸筒各 50 根。

图 5-1

图 5-2

二、制作方法

1.将废旧报纸裁剪成 50 厘米长度,将剪好的报纸卷成纸筒若干。
2.把彩色蜡光纸裁剪成与报纸筒相同长度,将纸筒进行装饰。
3.在彩色纸筒上缠绕上透明胶布,做成彩色纸棒。

三、主要功能和特点

（一）主要特点

本套玩教具创意来源于幼儿生活,利用生活中的废旧报纸结合幼儿生活经验制作而成,配上鲜艳的蜡光纸更有吸引力。适合于大、中、小班幼儿操作,富有教育性、科学性、趣味性、环保性、创意性、廉价性等特点,突出"多功能"特点。适用于科学领域、健康领域的教育以及区域活动、游戏活动、创意活动等。

（二）主要功能

1.加深对数概念的认知（顺数、单双数、相邻数、比较多少、分解、组合练习等）。
2.结合各种跑、跳、跨等基本技能,训练幼儿的平衡能力,促进动作的协调性。
3.通过搭建、组合、围合、平面延伸、纵向垒高等创意操作,培养幼儿的空间思维及与人交往能力。
4.幼儿自主探索,结合生活经验探索创造性多元化的玩法,培养幼儿的空间思维及创造能力。

四、活动案例

1.做有关顺数、倒数、单数、双数、相邻数、数的分解组合游戏。
2.做比较、对应、排列、颜色等分类游戏。
3.做各种平面、纵向搭建游戏。
4.自主拼搭各种艺术图形、建筑等,如太阳、花朵、房屋、汽车、飞机等。
5.做接力棒、棒操及其他体育游戏活动。

五、活动图片

图 5-3

图 5-4

图 5-5

图 5-6

六　多功能环保游戏棋

设计制作：时晓芳
作品类别：综合类
适用年龄：幼儿园中、大班 4~6 岁幼儿

一、作品外形与结构

（一）制作材料

奶粉罐盖子、不干胶、白纸、颜料、透明胶布、彩带。

（二）外形与结构

环保游戏棋卡若干，跳步卡若干，日月卡一套，星期卡一套，起点、终点卡各一个，1~10 的点子卡一套，季节卡一套，四面体数字骰子两个。

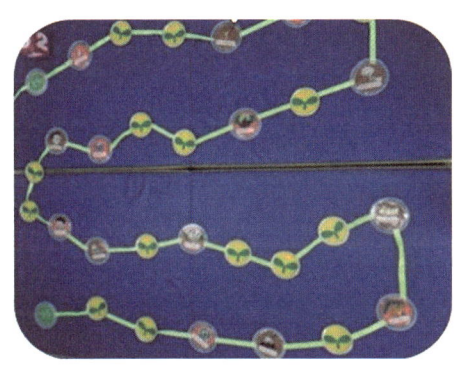

图 6-1

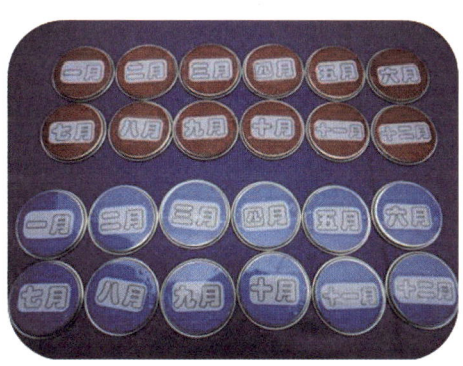

图 6-2

- 13 -

图 6-3　　　　　　　　　　　　　　图 6-4

二、制作方法

1.将奶粉罐塑料盖消毒、洗净、晾干。

2.用 16 个塑料奶粉盖做环保游戏棋盘、用 16 个铝奶粉盖做游戏跳步，制作游戏棋用。

3.制作幼儿生活中常见的有关环保的图案及环保用语图卡，剪贴在塑料盖里面，用绿色不干胶剪出小树牙，贴在铝盖上。

4.制作起点、终点盘。

5.制作两个写有数字的多面体骰子，并用即时贴装饰。

6.打印 1~9 数字、星期一到星期日、春夏秋冬图片、1~10 的点子卡，分别贴在塑料奶粉盖的正反面，制作各种操作游戏卡。

7.将棋盘任意摆放，在棋盘之间随意摆放 1 个、2 个、3 个跳盘，在两侧放上起点和终点，再用彩带将整个棋盘连接起来。整个棋盘大小可根据场地而确定。

三、主要功能与特点

（一）主要特点

本套多功能环保游戏棋适合 4~6 岁中、大班幼儿操作，操作简单，不受场地限制，便于取放及清洗，具有环保性、实用性、操作性强等特点，适用于健康活动、科学活动、游戏活动、区域活动等。

（二）主要功能

1.利用幼儿的生活经验进行游戏，培养幼儿的环保意识。

2.幼儿根据自己的意愿自主变化游戏棋方向及图形，发展身体协调性、平衡能力以及空间想象力。

3.练习单脚跳、双脚跳、跑跳、跨跳、抛、滚等基本技能，发展幼儿手部、腿部力量，促进幼儿动作的协调发展。

4.充分发挥幼儿的自主性及合作意识，培养幼儿良好个性，体验运动的快乐。

5.在操作中加深对数字、星期、月份、四季的认识。

四、活动案例

1.环保游戏棋：幼儿自由设计摆放棋盘，一人或多人玩棋。首先从起点开始扔骰子，扔的数字几就跳几步，根据棋盘上的环保提示语进行进退跳跃。如：爱护小鸟进3步（或者"浪费粮食退2步"），幼儿任意选择双脚或单脚跳跃前进或后退，先跳到终点者为胜，游戏反复进行。此游戏根据幼儿发展需要可在棋盘上变换内容，如文明礼貌棋、数字加减棋、飞行棋等，幼儿根据更换的内容，玩相应的游戏。

2.抛飞盘：幼儿一人或多人玩飞盘游戏，圆盘可平衡抛飞，抛飞得远者为胜。

3.滚圆环：幼儿一人或多人玩滚圆环游戏，幼儿将圆盘立在地面，有技巧地向前滚推，滚得远者为胜。

4.比一比、认一认：根据科学活动的要求，玩数数、对应、星期、季节的游戏。

五、活动图片

图 6-5

图 6-6

七 魔幻纸筒

设计制作：时晓芳
作品类别：综合类
适用年龄：幼儿园大、中、小班 3~6 岁幼儿

作品外观与结构

（一）制作材料

废旧纸筒、透明胶布、彩色不干胶、花纹不干胶、废旧花布头、木棍、彩带。

（二）外形结构

20厘米×8厘米、15厘米×8厘米、10厘米×8厘米装饰纸筒各40个，50厘米×25厘米、40厘米×25厘米、20厘米×25厘米装饰打击鼓各4个，20厘米×8厘米、15厘米×8厘米、10厘米×8厘米装饰半圆若干，50厘米×25厘米、40厘米×25厘米、20厘米×25厘米装饰半圆各若干，打击阶梯定音鼓2个，25厘米鼓棒4对、30厘米定音鼓棒2根。

图 7-1

二、制作方法

1.分别将8厘米、12厘米直径纸筒截成5厘米、10厘米、15厘米、20厘米各种高矮的筒柱、半圆筒若干。将25厘米直径纸筒截成50厘米、40厘米、10厘米高矮的筒柱、半圆筒若干。将各种规格的半圆再截开成纸块若干。

2.将各种截开的筒柱、半圆、纸块进行加工打磨。

3.按规格分类，分别用各色不干胶、花纹不干胶、废旧花布头进行装饰、粘贴。

4.将50厘米、40厘米、10厘米高矮的筒柱，25厘米直径纸筒用花布装饰筒柱，用银色不干胶将筒柱两头圆口处封闭，做成高矮不等的打击鼓、手鼓等。

5.用木条制作成2个阶梯定音鼓架，用蓝色花纹不干胶将两组纸块进行装饰，然后将装饰的纸块依次粘贴在阶梯定音鼓架木架上。

6.将25厘米、30厘米鼓棒打磨，扎上彩带。

三、作品功能与特点

（一）主要特点

本套玩教具创意来源于幼儿生活，利用生活中的废旧纸筒结合幼儿生活经验制作而成，适用于幼儿园小、中、大班3~6岁年龄段孩子操作。具有安全、卫生、环保（无污染）、经济、耐用、使用率高的特点，用途广泛，使用简单，富有趣味性、直观性、创意性、可操作性、教育性，突出了"多功能"特点。可用于科学活动、户外游戏活动、区域活动、创意美术活动、音乐活动等。

（二）主要功能

1.加深对数的概念的认识及理解。

2.了解常见几何图形的结构及特点。
3.进行手指训练,灵活双手,促进幼儿肢体动作的协调性。
4.培养幼儿的思维能力、创造力、平衡能力及空间想象力。
5.在游戏中培养幼儿的交往能力,体验合作游戏的乐趣。
6.在音乐活动中练习音乐节奏,培养幼儿对艺术活动的兴趣。
7.在游戏活动中训练走、跑、跳、跨等基本技能,发展幼儿身体协调性。
8.开展创意平铺、垒高的系列搭建游戏,培养幼儿的创意思维及审美能力。

四、活动案例

1.趣味学数:幼儿在游戏中掌握有关数的概念(比较、对应、排序、组合)。
2.排排序:幼儿自主用纸筒按大小、高矮、形状、颜色排序。
3.找朋友:幼儿自选任何规格的纸筒玩具进行一一对应练习。
4.趣味数数:练习2个一数、5个一数、10个一数的群数游戏。
5.几何拼搭:幼儿用纸筒、纸块任意拼搭几何图形。
6.比一比:利用纸筒练习大小、高矮、长短、多少等对比活动。
7.叠叠乐:利用纸筒横向或纵向叠高,培养幼儿空间思维能力。
8.穿一穿:选用不同规格的纸筒练习穿线,也可练习穿线排序,灵活双手。
9.搭搭乐:用各种规格、形状的纸筒任意拼搭出不同形状的创意图形(如各种小动物、房屋、花朵、飞机、轮船等),训练空间想象力、思维能力,发展幼儿探究意识、合作意识等。
10.快乐纸筒操:幼儿随音乐玩纸筒操游戏,培养节奏感。
11.节奏大师:用"1~7"个纸筒从矮到高排列练习,玩音阶游戏及打击游戏。
12.跳房子:用纸筒任意摆放成格子玩单脚、双脚跳房子游戏,锻炼幼儿腿部力量。
13.自主拼搭:将纸筒系列纵向、横向有规律地摆放,设置障碍,训练幼儿走、跑、跳、跨的技能。
14.滚滚乐:一人或多人滚纸筒,训练幼儿耐力及平衡力。

图 7-2

图 7-3

图 7-4

图 7-5

八　好玩的纸球

设计制作：时晓芳
作品类别：运动类
适用年龄：幼儿园大、中、小班幼儿

一、作品外形与结构

（一）制作材料

废旧报纸、各种包装软质纸、透明胶、彩色蜡光纸。

（二）外形与结构

大小报纸球若干、彩色纸球若干，彩色纸棒10根。

二、制作方法

图 8-1

将报纸撕成长条，把纸条卷成纸球，用不同颜色的包装纸或蜡光纸将纸球进行包裹，在纸球外面用透明胶布包裹固定，使纸球更经久耐用。

三、主要功能与特点

（一）主要特点

废报纸在生活中随处可见，具有易于改变形状的特点。对其进行撕、折、剪、团、卷，能激发幼儿的创作热情，提高他们的审美能力。结合皮球的形状，利用报纸，鼓励幼儿制作大小纸球；还可利用报纸折易、可剪、可挖洞、易粘贴的特性进行手工制作，充分发展幼儿的想象。此制作具有安全、环保、经济、廉价等特点。

（二）主要功能

1.尝试保持一定距离向目标投掷，发展目测能力、手眼协调及肢体平衡能力。
2.在游戏中学习抛接球、传球技能，体验合作游戏的乐趣。
3.促进幼儿大肌肉发展及协调、平衡、控制的能力。
4.通过玩球游戏，发展幼儿的空间知觉、方位知觉以及持久的注意力。
5.探究纸球的多种玩法，发展幼儿创造性思维。

四、活动图片

图 8-2

图 8-3

图 8-4

图 8-5

九　彩色布带

设计制作：时晓芳
作品类别：运动类
适用年龄：幼儿园大、中、小班 3~6 岁幼儿

一、作品外形与结构

（一）制作材料

废旧布料、棉花、针、线、扣针。

（二）外形与结构

50 厘米、80 厘米、120 厘米、150 厘米长的红色布袋若干条。

二、制作过程

1.将废旧布料剪成 50 厘米、80 厘米、120 厘米、150 厘米长布条若干，用针缝成圆筒形，将圆筒布条里向外翻转，把棉花均匀塞进布筒里，再用针线将长布筒两端固定。
2.在短布条两头缝上扣针。

二、主要功能与特点

（一）主要特点

本玩具柔软轻便、安全性高、结实、不怕摔、不易坏，适合 3~6 岁幼儿操作。有巨大的造型价值，可用在各种题材的游戏中，便于幼儿操作。制作技术要求不高，工艺简单，局限性小，任何纺织品原材料的边角废料都可以用。突出了"多功能"的特点，富有教育性、科学性、直观性。

（二）主要功能

1.用于各种跑、跳、跨等基本体能训练，发展幼儿的平衡能力，促进其动作的协调性。
2.鼓励幼儿结合自己的生活经验开展游戏，提升幼儿的思维能力及创造力。
3.培养幼儿的操作能力及空间想象力，充分发挥幼儿的自主性及合作意识。

三、使用案例

1.自主拼搭：幼儿根据布带颜色自主拼搭，在游戏中练习颜色、长短的区分以及数数。
2.创意组合：幼儿一人或多人合作进行创意组合，提高空间想象力及审美能力。

3.走平衡、钻山洞、跨栏、跳房子、跳绳：与各种跑、走、钻、跨、跳等基本体能动作练习相结合，促进幼儿动作的协调性。

图 9-1

图 9-2

图 9-3

图 9-4

图 9-5

图 9-6

十 滚滚乐

设计制作：时晓芳
作品类别：运动类
适用年龄：幼儿园大、中、小班 3~6 岁幼儿

一、作品外形与结构

（一）制作材料

大小不同的废旧纸盒、纸箱，透明胶布、剪刀。

（二）外形结构

40 厘米、60 厘米宽纸板若干，直径 60 厘米、80 厘米、100 厘米、120 厘米纸板圈若干，大小不等纸箱若干。

图 10-1

二、制作方法

1.将各种纸箱裁开，裁剪成不同宽度及长度的纸板（如 40 厘米、60 厘米宽纸板），将纸板边缘进行修剪、磨边。

2.根据需要任意组合不同规格的纸板（长短、宽窄不等），用透明胶布固定，组成大小不同的纸板圈。

3.将各种纸箱按大小进行拼接，组成纸箱"火车"。

三、主要功能与特点

（一）主要特点

废弃的纸盒不仅容易获得，而且具有经济、环保、安全、可二次利用等特点。在收集纸盒的过程中，传递废物再利用的思想，有助于幼儿节约、细心、环保等好习惯的养成。此玩具适合 3~6 岁幼儿操作，适合运用于健康领域、社会领域、区域活动、游戏活动等。

（二）主要功能

1.通过纸盒游戏活动，认识到经过集体的创造可以积零碎为宏大，化腐朽为神奇。

2.能巧妙地运用单个或多个纸盒组合造型，提高动手能力和立体创造能力。

3.让幼儿感受各种材料的特性，合理利用身边的废弃材料制作出可供游戏的玩具

或道具。

4.在自主合作、探究交流中培养幼儿合作和交往能力。使之体验创作的乐趣，享受成功的快乐。

5.通过钻、爬、滚技能训练，使幼儿大胆运用材料进行多次尝试和体验，培养幼儿的耐力和恒心。

6.锻炼幼儿体能，提高其身体灵活性、协调性，丰富感知觉的经验，使幼儿得到积极愉快的情绪体验。

四、活动案例

1.爬爬圈：设置一定的距离，幼儿一人或多人一组，钻进纸板圈内进行爬行比赛，先爬行到终点者为胜。

2.彩龙船：幼儿将纸箱套在身体上，双手提着纸箱两侧边缘，随音乐节奏玩民间"彩龙船"游戏。

3.开火车：幼儿将纸箱套在自己身体上，依次排成纵队，将自己身体上的纸箱与前一名幼儿的纸箱靠在一起，用双手握住两个纸箱，做成大接龙，玩开火车游戏。多名幼儿同时钻进同一个大纸板圈，双手紧握纸板圈两侧，大家共同保持平衡，玩开火车游戏。

4.纸箱大集合：幼儿利用各种形状、大小不等的纸箱横向、纵向创意拼搭，可搭建筑物、植物或其他创意图案。

5.头顶纸箱走：在地上摆放 20 厘米宽度的长纸板，幼儿头顶纸箱，双手侧平举，在纸板上练习走平衡，头顶的纸箱不掉下来，最先到达终点者为胜。

6.纸箱站立走：幼儿多人一组站立在纸板圈内，双手顶住纸箱，听口令同时手脚并用，共同让纸箱往前移动，先到达终点者为胜。

五、活动图片

图 10-2

图 10-3

图 10-4

图 10-5

十一　瓶罐游戏

设计制作：时晓芳
作品类别：综合类
适用年龄：幼儿园大、中、小班 3~6 岁幼儿

一、作品外形和结构

（一）制作材料

各种易拉罐、饮料瓶、透明胶布、塑料圈、彩色不干胶、彩绳。

（二）外形结构

2 个一组、3 个一组、4 个一组、5 个一组易拉罐、饮料瓶组合若干、装饰罐若干。

图 11-1

二、制作方法

1. 将各种易拉罐、饮料瓶洗净、消毒，2 个一组、3 个一组、4 个一组、5 个一组，用透明胶布缠绕固定。
2. 用各种不干胶将易拉罐、饮料瓶进行装饰，进行分类，并在罐体上添加数字及图卡。
3. 将单个装饰罐用彩绳串连成 10 个一组，同时用单个罐穿线制作高跷。

三、主要功能与特点

（一）主要特点

本玩具简单、轻便、环保、卫生，便于清洗，具有操作性强，利用方便，有巨大的造型价值等特点。利用废旧材料制作玩教具是幼儿园现实的一种教学方式，有帮助教师、快乐幼儿、解决家庭垃圾等一系列独特作用。还能为幼儿园节约资金，促进幼儿身心发展。幼儿在操作与探究中能获得有效的自我发展。同时幼儿还在"变废为宝"行动中，实现资源的再利用，有了珍惜资源、保护地球的责任意识。

（二）主要功能

1.结合各种走、跑、跳、跨、投掷等基本体能训练，发展幼儿的平衡能力，促进动作的协调。

2.能巧妙地运用单个或多个瓶罐进行横向与纵向造型，提高幼儿的合作能力和立体创造能力。

3.将游戏与生活经验相融合，挖掘幼儿内在的发展潜力，拓展幼儿的思维能力。

4.学会与其他辅助材料搭配成为可操作的、立体的形象材料，玩创造性的游戏，激发幼儿大胆运用材料进行多次尝试和体验的兴趣，培养幼儿的耐力。

5.通过游戏的设计、组织与实施，让形象和抽象两个层面有机结合，发展幼儿的语言表达能力及交往能力。

四、活动案例

1.套彩圈：将彩罐按规律排成队列，幼儿一人或多人站在规定的线外，每人10个圈，向彩罐用力投掷套圈，10个圈投完后，套中的罐多者为胜。

2.彩罐迷宫：幼儿用彩绳串联的一组或几组彩罐创意摆放出不同形状的迷宫图形，再来走迷宫。幼儿在拼摆和走迷宫的过程中，培养自身思维能力、平衡力、合作能力等。

3.罐体高跷：幼儿双脚踩罐，双手拉线，练习走高跷。

4.梅花桩：用2个一组、3个一组、4个一组、5个一组的罐组成梅花桩，训练幼儿走、跨、跳、平衡等技能。

5.纵横搭建：幼儿利用罐横向或纵向叠高，培养创造能力、思维能力、空间想象力。

6.彩罐滚滚：幼儿一人或多人玩滚罐游戏，训练耐力及平衡力。

图 11-2

图 11-3

十二 网罐对对碰

设计制作：时晓芳　张帆
作品类别：运动类
适用年龄：幼儿园大、中、小班幼儿

一、作品外形和结构

（一）制作材料

棉布、棉花、泡沫、松紧带、牛奶罐、不干胶等废旧物品。

（二）外形和结构

长度为50厘米和28厘米的长短布条各20条，遛遛棒20根，网拍20个，牛奶罐组成十二生肖音乐柱12个，泡沫圆形小球若干，短布棒小铃铛金钱杆10对。

图 12-1

图 12-2

二、制作方法

1.把棉布剪成长短不同的布条，长布条50厘米，短布条28厘米，将布条缝成布袋，给布袋里塞棉花缝好成布棒，在短布棒一头缝上扣子和扣眼。

2.用泡沫做成圆形小球，用不干胶将泡沫球进行装饰。

3.将棉布裁剪成圆形，在圆形边缘钉上穿线孔，用松紧带将呼啦圈与圆形棉布进行串联，做成网拍。

4.将牛奶罐进行装饰，做成十二生肖的音乐柱、乐器和障碍物。

5.布棒与小铃铛组合做成金钱杆。

6.在部分布条内塞进软铁丝和棉花，将两头缝制封口，做遛遛棒。

7.将软泡沫盒子进行装饰，做装小球的篮子。

三、主要功能和特点

（一）主要特点

本作品适合于科学、艺术、健康、语言、社会等领域的游戏，适合3~6岁幼儿使用。本玩具由铜仁当地传统游戏"打鸡棒"改进、创编而成，用废旧材料制作，具有成本低、实用性强、安全性系数高、游戏功能多等特点，深受幼儿喜欢。

（二）主要功能

1.布棒与音乐柱组合，玩民间"打鸡棒"游戏，可锻炼幼儿的手臂力量，手、眼的协调能力，让孩子感受运动的快乐。
2.自主拼贴，让孩子们的德、智、体得到充分发展。
3.玩抛接游戏，发展幼儿的空间知觉、方位知觉以及持久的注意力。
4.结合各种跑、跳、跨等基本体能训练，发展幼儿的平衡能力，促进动作的协调性。
5.通过搭建、组合、围拢等创意操作，培养幼儿的合作能力及与人交往能力。

四、活动案例

1.多彩迷宫：布棒与音乐柱组合，让幼儿玩走"迷宫"的游戏，培养动脑的习惯，开发幼儿的智力，培养规则意识。
2.跳房子：将布棒任意拼摆成各种图形，幼儿玩"跳房子"游戏，发展幼儿动作的协调性和灵活性。
3.布艺棋：用布棒拼成九宫格、六宫格等，幼儿玩"下棋"游戏，激发幼儿智力。
4.霸王鞭：将短布棒两侧缝上小铃铛，幼儿玩"霸王鞭"的游戏。
5.百变扭扭棒：幼儿自由扭转布棒，做可爱的小动物造型，培养幼儿的创造力与想象力。
6.创新打击乐：布棒与十二生肖音乐柱组合，幼儿有节奏地敲打音乐柱或随音乐节奏进行打击游戏，培养幼儿音乐节奏感，同时引导幼儿认识十二生肖，培养幼儿口语表达能力。
7.投圈：将短布棒扣成圆圈，将音乐柱放置在一定位置，幼儿玩"投圈"的游戏，培养幼儿手、眼的协调性。
8.捉尾巴：把短布棒捆绑在幼儿的腰部玩"捉尾巴"的游戏，让幼儿学会追逐、躲闪，感受运动的快乐。
9.快乐双节棍：将短布棒两侧扣在一起，幼儿随音乐舞动玩"双节棍"游戏，发展幼儿身体的灵活性。
10.跳绳：将三根布棒扣在一起，幼儿玩单人跳、双人跳、集体跳、花样条等跳绳游戏，锻炼幼儿身体的协调性及合作能力。
11.扣扣乐：练习"扣纽扣"游戏，在规定的时间内，完成最多者为胜，锻炼幼儿小手的灵活性。

12.赶小球：在规定的场景中，幼儿一人或多人用短布棒赶着小球向前走，先到达终点者为胜。培养幼儿的协调性，使其享受游戏的乐趣。

13.抛接乐：将幼儿分成两组，一组拿网拍，另一组拿小球，玩抛接球游戏。这既培养幼儿身体的协调性，又培养幼儿的合作能力及团队精神。

14.益智圈：玩有关数概念的游戏，如数数、比长短、比多少、比高矮、数的组合与分解等游戏。

15.几何拼搭：幼儿自主拼图，认识各种几何图形，了解各种几何图形的形状与特点。

图 12-3   图 12-4

图 12-5   图 12-6

十三 炫舞跳跳毯

设计制作：时晓芳
作品类别：综合类
适用年龄：幼儿园大、中、小班 3~6 岁幼儿

一、作品外形和结构

（一）制作材料

矿泉水瓶、米粒、黄豆、彩色不干胶、泡沫垫、A3 白纸、过塑纸、木条。

（二）外形和结构

矿泉水瓶做沙锤若干，泡沫跳跳毯10张，跳跳示意图10张，示意图卡架一个。

图 13-1

二、制作方法

1.将矿泉水瓶消毒、洗净、晾干，在瓶内装入各种豆类，用不干胶进行装饰，制作成既简单又美观的节奏沙锤。

2.裁剪彩色不干胶小脚印、箭头符号若干，按颜色有规律地粘贴在彩色泡沫垫上，做成跳跳毯。

3.用红色不干胶裁剪出小手掌印、箭头符号若干，粘贴在A3白纸上，并用封塑机过塑制作成游戏示意图卡。

4.用废旧网及木条制作成立式图卡架，将游戏示意图卡挂在网架上，作游戏参考。

三、主要功能与特点

（一）主要特点

炫舞跳跳毯灵感来自一款可以跳舞的电子产品跳舞毯，其动感的音乐、炫酷的舞步深受成人和儿童的喜爱。我们结合跳舞毯的结构特点进行创意改造，利用小手印、小脚印、手掌印与音乐结合设计一款适合幼儿健身娱乐的跳跳毯。此跳跳毯具有操作简单、便于取放的特点。

（二）主要功能

1.让幼儿根据示意图卡上图形的方向、图形组合做出反应进行跳动，在游戏中享受快乐，强健自己的体魄。

2.幼儿通过观察示意图卡，提高自身的观察能力、反应能力、应变能力，增强方向感。

3.在游戏中感知音乐节奏的变化及音乐强弱的变换，培养音乐节奏感。

4.训练幼儿眼、耳、腿的协调性，锻炼幼儿腿部力量及跳跃力。

四、使用案例

1.舞步大考验：幼儿一人自由出示舞步图卡，其余幼儿比拼看谁跳得又对又快。

2.炫舞踢踢踏：幼儿自主将图卡组合挂在图卡架上，一人或多人站上跳舞毯根据图卡手舞足蹈快乐游戏。

3.音乐炫舞：幼儿根据图卡随着音乐节奏跳动图卡舞步。

图 13-2

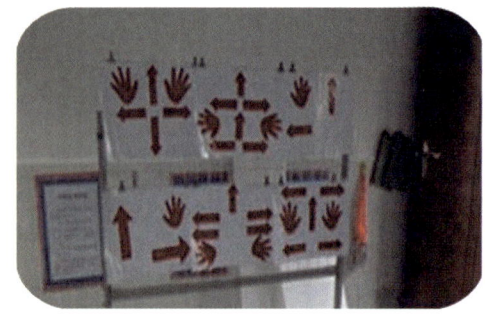
图 13-3

十四　趣味竹宝宝

设计制作：时晓芳
作品类别：益智类
适用年龄：幼儿园大、中、小班 3~6 岁幼儿。

一、作品外形与结构

（一）制作材料

大小竹筒、竹颗粒、各色不干胶、胶水瓶盖、簸箕、废旧布料、毛线、颜料、塞子。

（二）外形与结构

大小规格不同的簸箕 4 个，分别装有飞行棋盘一个、彩色小竹筒若干、彩色竹颗粒若干、数字竹筒一组。

图 14-1

二、制作方法

1.将簸箕打磨，内部装饰，再用废旧布料包边，用毛线固定。
2.将小竹筒打磨，用各色不干胶进行装饰，作创意图形搭建用。
3.将竹颗粒涂染上各种颜色，作自由拼图用。
4.将彩色竹颗粒拼成飞行棋盘图，用四种不同颜色的胶水瓶盖作棋子，自制 4 颗游戏骰子，并在棋盘上标注起点、终点。
5.将大竹筒打磨后用彩色布料包装，在包装的一端贴上数字卡及加减符号，在其中一个簸箕内盘上打孔，逐一将数字竹筒从上而下插入簸箕孔内，反复检查簸箕孔内周边竹签是否安全。

三、主要功能与特点

（一）主要特点

"竹"的利用价值很高，用途广泛，本套"竹"玩具制作技术要求不高，工艺简单，局限性小，可塑性较强，具有环保、安全、卫生等特点。本玩具有巨大的造型价值，而且便于操作。适合 3~6 岁幼儿操作，富有教育性、科学性、直观性。

（二）主要功能

1.让幼儿认识竹及竹制品，充分了解竹盘的结构特点，挖掘幼儿的思维能力及创造力。
2.在操作中，培养幼儿的空间想象力及思维灵活性。
3.在拼搭游戏中训练幼儿的手脑协调性，培养幼儿的交往能力。
4.在游戏中培养幼儿的合作能力，使幼儿从中体验到合作的快乐和成功的喜悦。

四、活动案例

1.竹块拼拼乐：幼儿用彩色竹块任意拼搭出不同形式的创意图形（如各种小动物、房屋、花朵、飞机、轮船等），发展幼儿空间想象力、思维能力、合作能力。

2.竹筒搭建：利用竹筒拼搭出各种有趣的几何图形及创意图案。同时还可以用彩色竹块和竹筒混合拼搭创意图案。

3.排序穿线：选用长短不一的竹筒练习穿线，也可练习穿线排序，灵活双手。

4.趣味飞行棋：幼儿 2 人或 4 人合作玩飞行棋游戏。

5.环保游戏棋：请 4 名幼儿分别用红、黄、绿、蓝 4 颗棋子，按游戏规则进行环保游戏棋游戏（也可替换图卡，玩行为习惯棋）。

6.加减益智棋：可在飞行棋盘内贴上 10 以内加减法算式，结合环保游戏趣味学数学，如：爱护小鸟进 3 步，1+2=3，浪费粮食退 2 步，5-3=2，让幼儿在游戏中趣味学数学。

7.敲敲打打学数学：用不同的方法任意敲打出圆盘中不同的数字竹筒，进行 10 以内数的分解组合练习以及相邻数、单双数的练习。

十五　趣味书屋

设计制作：时晓芳
作品类别：益智类
适用年龄：幼儿园中、大班 4~6 岁幼儿

一、作品外形和结构

（一）制作材料

废旧棉布、不织布、彩带、纽扣、木珠子、毛线、卡片、魔术贴。

（二）外形和结构

裁剪 50 厘米×50 厘米的正方形棉布 12 张，每一张用双层布头缝制成口袋状，将 12 张棉布装订成一本活动的布书。

图 15-1

二、制作方法

1.在方形棉布上逐页设计各项益智操作图，再根据每一布面的特点，采用不同材料进行装饰及缝制。
2.将 12 张设计完成的正方形棉布进行组合装订，形成活动的布书。
3.根据需要设计制作布书的封面及封底。
4.缝制 10 个各种形状的不织布小口袋，备装逐页活动材料。

三、主要功能和特点

（一）主要特点

本套玩教具创意来源于幼儿生活，利用生活中的废旧材料，结合幼儿生活经验制作而成，适用于幼儿园中、大班 4~6 岁年龄段幼儿一人或多人同时操作，具有安全、卫生、环保（无污染）、经济、耐用、使用率高的特点。作品创新点在于幼儿可以随意翻阅进行操作，集多种玩法于一书。

（二）主要功能

1.通过拨动指针，了解时钟的基本结构，掌握时间概念。
2.了解几何图形的形状及特点。
3.了解数的递增递减关系，加深对数的概念的认识。
4.进行手指训练，灵活双手，促进动作的协调性。
5.培养幼儿的思维能力、创造力、操作能力及空间想象力。

五、活动案例

1.认识时钟（第 1 页）：幼儿根据表盘上面的数字和可转动的时针及分针，准确操作展示任一时间点。
2.纽扣大树（第 2 页）：幼儿把各种形状及颜色的小花用纽扣扣于大树上，锻炼幼儿的手指灵活度。

3.迷宫果子（第3页）：幼儿根据果子迷宫的形状，从起点出发，从卡片1开始摆放，直至走到终点，在相应数字的旁边应摆放出的一样数量的物体卡片，如在数字1的旁边摆放1张草莓卡片，以此类推。

4.彩色编织（第4页）：设计制作各种趣味图案、彩条，引导幼儿利用穿、编、排列等方法练习各种编织方法。

5.串珠子（第5页）：通过串珠子，训练幼儿数数、排序、对比等数的概念相关的知识，发展幼儿手指灵活性及思维能力。

6.七巧板（第6页）：幼儿利用各种形状（如三角形、圆形、梯形等）的彩色卡片创意拼图，发展幼儿空间想象力。

7.行为习惯棋（第7~8页）：幼儿扔骰子，从起点开始走棋，走到带有图卡提示语处根据提示内容进行走棋，如尊敬老人进2步，大吵大闹退1步等。以此来培养幼儿良好习惯，可多人同时游戏。

8.飞行棋（第9~10页）：4位幼儿分别位于飞行棋的四个角，从起点开始扔骰子，顺时针方向走棋，最先走到终点者胜出。

六、活动图片

图 15-2

图 15-3

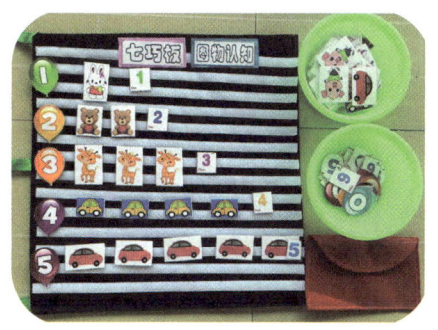

图 15-4

图 15-5

图 15-6

图 15-7

十六　百变纸筒

设计制作：时晓芳
作品类别：益智类
适用年龄：幼儿园小、中、大班 3~6 岁幼儿

一、作品外形和结构

（一）制作材料

废旧纸筒、彩色即时贴、卡片、麻绳。

（二）外形和结构

20 厘米、15 厘米、10 厘米、5 厘米、2 厘米高度的纸筒各若干，大小半圆各若干，环保游戏卡若干、打有小孔的竹筒板若干。

二、制作方法

1.将纸筒按 20 厘米、15 厘米、10 厘米、5 厘米、2 厘米的规格截断，再将部分纸筒按规格打开做成半圆。
2.将纸筒打磨，用彩色即时贴进行多样化的装饰。
3.制作环保游戏卡片。
4.在较长的半圆纸板上有规律地钻上小孔。

图 16-1

三、主要功能和特点

（一）主要特点

本套玩教具创意来源于幼儿生活，利用生活中的废旧纸筒结合幼儿生活经验制作而成，适用于幼儿园小、中、大班3~6岁年龄段孩子操作。具有安全、卫生、环保（无污染）、经济、耐用、使用率高的特点。用途广泛，使用简单，富有趣味性、直观性、创意性、操作性、教育性，突出了"多功能"的特点。可用于科学活动、户外游戏活动、区域活动、创意美术活动、音乐活动等。

（二）主要功能

1.进行手指训练，灵活双手，训练动作的协调性。
2.在对比、排序、穿线等操作中了解数的概念。
3.训练走、跑、跳、跨等基本技能，发展幼儿身体灵活性。
4.培养幼儿的思维能力、创造力、平衡能力及空间想象力。
5.训练手指灵活度，促进动作的协调性发展。

四、活动案例

1.趣味学数：幼儿在游戏中掌握有关数的概念（比较、对应、排序、组合）。
2.排排序：幼儿自主将纸筒按大小排序、按高矮排序、按形状排序、按不同形状反复交错排序等。
3.找朋友：幼儿自选任何形状的纸筒进行一一对应排列练习。
4.趣味数数：在活动中练习2个一数、5个一数、10个一数的群数游戏。
5.比一比：利用纸筒练习大小、高矮、长短、多少等对比活动。
6.穿线：选用不同的纸筒练习穿线，也可练习穿线排序，灵活双手（区域活动）。
7.拼拼乐：幼儿用各种颜色的大小、高矮不同的纸筒任意拼搭出不同形式的创意图形（如各种小动物、房屋、花朵、飞机、轮船等），发展空间想象力、思维能力。
8.纵横叠叠高：利用纸筒横向或纵向叠高，培养幼儿平衡能力及创造力。
9.滚滚乐：幼儿一人或多人滚纸筒，训练幼儿耐力及平衡力。
10.创想纸筒操：幼儿随音乐玩纸筒操游戏，培养节奏感。
11.跳房子：用纸筒任意摆放成格子，玩单脚、双脚跳房子游戏，锻炼幼儿腿部力量。
12.跳跳棋：设计一套游戏棋卡片，用纸筒和卡片组合玩各种游戏棋，发展幼儿跳、跨的能力。
13.探究大组合：用纸筒系列纵向、横向有规律地摆放，设置障碍，训练幼儿走、跑、跳、跨的技能。
14.彩球滚滚：幼儿将纸筒口相连接，使彩球在纸筒槽中快速滚动，在科学探究中体验彩球滚动的乐趣，培养合作意识。

五、活动图片

图 16-2

图 16-3

图 16-4

图 16-5

图 16-6

图 16-7

十七　快乐一罐

设计制作：时晓芳、代永仙
作品类别：综合类
适用年龄：幼儿园小、中、大班 3~6 岁幼儿

一、作品外形和结构

（一）制作材料

废旧牛奶罐、彩色即时贴、软铁丝、麻绳、竹竿、鼓棒。

（二）作品外形和结构

装饰好的奶粉罐若干（彩色颜料装饰、即时贴装饰、剪贴装饰），80 厘米长竹竿一根，20 厘米长鼓棒两根。

二、制作方法

1.将奶粉罐洗净消毒，晾干。
2.用各种材料在罐体上进行多样化的装饰。
3.在罐底部及顶部分别打上小洞，用软铁丝固定，竹子做杆子。
4.将罐与罐之间用麻绳巧妙地连接。

图 17-1

三、主要功能和特点

（一）主要特点

本套玩具适合 3~6 岁幼儿操作，适用于健康、艺术、科学、社会等领域的教学。本玩具用途广泛，使用简单，富有趣味性、创意性、操作性、教育性，突出了"多功能"特点。通过在游戏中的合作，与同伴协商、分工与交流，训练了幼儿解决问题以及团结合作等能力，也锻炼了幼儿坚持不懈的精神。

（二）主要功能

1.培养幼儿的思维能力、创造力以及空间想象力。
2.培养幼儿的协调能力、团结合作以及拓展能力。
3.在音乐活动中练习节奏，通过道具培养活动兴趣。
4.训练走、跑、跳、跨等基本技能，发展幼儿身体协调性。
5.在民间游戏"舞龙"活动中培养幼儿相互配合、上下协调、团结一致的能力。

四、活动案例

1.舞龙：根据信号球的方向变化创编简单的舞龙动作，学会舞龙的技巧与基本方法，体验传统舞龙游戏的乐趣，感受与同伴合作舞龙的快乐。

2.打保龄球：探究瓶罐的摆放方式、滚球的技巧、距离与罐子被击倒的关系。通过打保龄球的游戏，提高掷球技术动作，培养幼儿的集体观念与合作竞争意识。

3.头顶罐走平衡：练习头顶着罐在平衡木上做各种动作，并能让罐子不从头顶掉下来，发展身体的平衡能力。

4.击罐传花：一名幼儿有节奏地敲打罐子，参与游戏的幼儿随着节奏的速度快慢进行传花游戏，最终花落谁家，该幼儿就进行节目表演（或被罚出场）。锻炼幼儿反应的灵敏性，鼓励幼儿在同伴面前大胆表现自己，感受玩游戏的快乐。

5.走高跷：大胆运用瓶罐进行玩高跷的体育锻炼，提高动作的协调性和灵活性；感受与他人共同游戏的快乐，培养竞争意识。

6.欢乐节奏罐：利用瓶罐进行有节奏的敲打，或进行四二拍、四三拍、四四拍等强弱节奏的练习，培养幼儿的节奏感以及对音乐的兴趣。

7.走梅花桩：锻炼幼儿的身体平衡能力及协调能力，培养幼儿勇于挑战、克服困难的精神。

8.罐操：充分利用瓶罐进行罐操锻炼，培养幼儿对体育活动和器械操的兴趣。

9.滚滚乐：引导幼儿自主合作，利用瓶罐沿着直线滚动。也可进行滚罐竞赛活动，看谁滚得又快又好，培养幼儿的竞争意识。

10.搭建乐园：尝试利用瓶罐进行创意拼搭，培养幼儿的想象力、逻辑思维能力、动手操作的能力等。

11.套圈：能看准物体投掷，掌握正确的套圈方法，提高目测及手眼协调的能力。

12.跨跳、绕罐跑：练习助跑、跨跳、绕跑的动作技能，提高幼儿身体的协调性。

13.两人背夹罐螃蟹走：练习背夹罐侧身走动作要领，培养幼儿的合作意识。

五、活动图片

图 17-2

图 17-3

图 17-4　　　　　　　　　　　　　　图 17-5

十八　取暖器大变身

设计制作：张翔芬、时晓芳
作品类别：综合类
适用年龄：幼儿园小、中、大班 3~6 岁幼儿

一、作品外形和结构

（一）制作材料

废旧取暖器、废旧毛线、彩色不干胶、轮子、彩带、乒乓球。

（二）外形和结构

用废旧取暖器制作的牛角车、风火轮车、灯笼车、购物车、背篓、箩筐、筛子各若干个。

二、制作方法

1.将废旧取暖器拆开、清洗、消毒、晒干、整理备用。

2.检查网罩安全性，用废旧毛线编织背篓和箩筐，在两个网罩里面缝上小铃铛，装上乒乓球，用彩带将两个网罩缠绕固定制作灯笼车，利用网罩和壁扇底座制作购物车。

3.利用两个取暖器底座背对背，中间放一个事先制作好的铁环，用螺丝扣着，缝上尾巴，利用不干胶装饰制作尾巴车。

4.将取暖器中间部分用罐装牛奶塑料盖封装，并利用螺丝扣着，再利用不干胶进行装饰，封上取暖器底板，用螺丝扣好，底板上装上轮子，制作小动物车的底座（安全检查），再利用不干胶进行装饰，底部装上轮子制成牛角车，再利用的网罩要进行安全检查，再用彩带编织装饰制作筛子。

5.利用取暖器的底座（安全检查）及不干胶进行装饰，底部装上轮子制作牛角跨栏。

三、主要功能和特点

（一）主要特点

本玩具是将生活中废旧的取暖器拆开清洗消毒后经过加工、组合制作而成的，具有造价低、品种多样、轻巧安全、容易取放的特点，本玩具操作性强，幼儿对其兴趣浓厚，可一物多玩，且玩法简单，适合3~6岁幼儿操作。

（二）主要功能

1.培养幼儿在游戏中的跑、跨、跳、推、抛接等方面的能力。
2.增强幼儿肢体的肌肉力量，尤其是手的握力和手臂的力量。
3.促进幼儿大肌肉发展及协调、平衡、控制的能力。
4.通过抛接游戏，发展幼儿的空间知觉、方位知觉以及持久的注意力。
5.培养幼儿勇敢、自律、沉着等心理素质及意志品质。
6.培养勇敢精神，能以积极的心态面对挑战，能大胆独立地尝试新的动作，培养规则意识，建立良好的秩序感。

四、活动案例

1.牛角车：可以推着玩，拉着玩，还可以放在一起跨栏，拴上箩筐运东西等。
2.风火轮车（尾巴车）：可以两个幼儿对着滚动比赛，比谁滚得远，滚动中还有去抓尾巴、拉着尾巴滚等多种玩法。
3.购物车：装运物品、投物等一些比赛性活动。
4.灯笼车：滚动时里面的乒乓球跳动、小铃铛响动，激发孩子兴趣，可以有对碰玩、转动玩、举着玩、认识数字等玩法。
5.腰鼓车：可玩推、滚、碰撞等游戏，可认识交通安全标志，还可挂在肩上当腰鼓敲打等。
6.小动物车：推动、转动、用棍子赶、当冰壶玩、对碰等。
7、背篓、箩筐：挑物、提物、背物、抬物、反手放物，练习平衡，练习手臂转动，还可以滚动玩、当安全帽等。
8、筛子：抛接物体、合作运，还可以滚着玩、顶头上平衡走、编织等。

图 18-1

图 18-2

图 18-3　　　　　　　　　　图 18-4

图 18-5　　　　　　　　　　图 18-6

十九　开心台球

设计制作：时晓芳
作品类别：运动类
适用年龄：幼儿园大班 5~6 岁幼儿

一、作品外形和结构

（一）制作材料

废旧硬纸板、废旧的泡沫、乒乓球、不干胶彩色纸、塑料水管、毛线等材料。

（二）外形和结构

主体为一个长方形台球桌，规格为 120 厘米×65 厘米×25 厘米，12 个小彩球，三角架 1 个。

图 19-1

二、制作方法

1.利用废旧的大块泡沫及废旧硬纸板，拼接粘贴成一个立体的长方形台球桌，在桌面上的转角处及两条长边的中间处打 6 个洞。

2.用废旧毛线编织 6 个网袋，再用图钉固定在挖好的 6 个洞下面。

3.用彩色即时贴装饰台球桌面，在台球桌面四周边沿用白色泡沫条粘贴一条 2 厘米厚的边框。

4.在废旧的乒乓球上涂上颜色，作台球用。

5.用木棍打磨装饰后作台球杆用。

三、主要功能和特点

（一）主要功能

本套玩具利用废旧材料制作而成，具有环保性、安全性、趣味性等特点。玩具适合于 5~6 岁幼儿在健康领域、科学领域的活动。操作性强，能将生活中成人的运动项目融于幼儿游戏中，拓展幼儿的游戏方式，锻炼幼儿的身体机能，培养游戏中的规则意识。

（二）主要特点

1.幼儿在游戏中能够手脚并用，发展动作的协调性。

2.增强幼儿的体质，强化幼儿的竞争意识和合作意识。

3.让幼儿在游戏中掌握有关数的概念，认识形状、区分颜色等。

五、使用案例

1.幼儿自主分成两队，两队的排头各拿一根台球杆，当老师发出命令后，幼儿开始瞄准台球，看哪队幼儿先把球打入球洞内，打入洞中球多者为胜。

2.两名幼儿自主选择自己要打台球的号数。猜拳确定先后，两人轮流打球，谁先将球全部打入洞中，谁获胜。

图 19-2

图 19-3

二十　大街上

设计制作：时晓芳
作品类别：综合类
适用年龄：幼儿园小、中、大班 3~6 岁幼儿

一、作品外形和结构

（一）制作材料

废旧纸板、废旧的饮料瓶、胶布、废旧的泡沫板、彩色卡纸、牙膏盒、饼干盒、矿泉水瓶盖、竹棍、废旧的玩具小车等。

（二）作品外形和结构

玩具小汽车若干，交通灯 4 个，各种模型建筑各一个，120 厘米×180 厘米交通示意模拟板一块。

图 20-1

二、制作方法

1.先用即时贴装饰废旧的饮料瓶，再把饮料瓶两个两个重叠起来，最后用胶布把饮料瓶固定作高楼、幼儿园和医院等建筑物。

2.用废旧的泡沫板做农家小屋，墙面用卡纸装饰。

3.把废旧的泡沫加工，包装成一个交警台，小交警站在上面指挥交通。

4.用即时贴做成红绿灯的标记，再用废旧泡沫做成 4 个小坐台，然后把红绿灯标记插在坐台上作红绿交通灯。

5.用即时贴把牙膏盒和饼干盒装饰成车身，再用矿泉水瓶盖做成车轮，最后用竹棍把车身和车轮连接起来，组装成大客车、卡车等。

6.利用收集的废旧玩具小车做各种交通车。

三、主要功能和特点

（一）主要特点

本套玩教具制作简单，且安全、环保、经济、美观、易于操作，多种安全交通知识蕴含其中。适用于 3~6 岁幼儿社会领域、语言领域游戏活动，可以作为教师在集体教学活动中的教具，可用

图 20-2

于模拟演示交通游戏、故事情境游戏、讲故事等活动。同时还可以用于幼儿单人及多人操作及游戏，幼儿在操作中掌握交通安全知识，提高安全意识。

（二）主要功能

1.通过游戏认识一些交通标识，掌握一定的交通规则及基本的交通安全知识。

2.在操作中学会设置多项游戏，学会用正确的语言进行表达，提升合作能力及交往能力。

3.在模拟游戏中发展幼儿空间、方位、时间等概念。

四、使用案例

1.辅助教学功能，能使抽象的概念具体化，让幼儿懂得自觉遵守交通规则的重要性和不懂交通规则带来的危害。为了自己和他人的生命安全，人人都要遵守交通规则。

2.此玩教具能使教师易于讲解交通规则，能集中幼儿注意力。让幼儿认识安全标志，了解一些与生活密切相关的交通规则。

3.幼儿在情景游戏中，理解红、黄、绿灯以及双黄线的作用。培养遵守社会公共规则的好品质，增强安全意识。

五、游戏玩法：

1.两个幼儿扮演司机，通过有红绿灯的十字路口，另外两个幼儿控制红绿灯（红、黄、绿三种灯可以自由旋转）。

2.了解双黄实线的作用，知道车辆和人一样只能靠右边行驶，车辆在行走时不能越过双黄线，否则就会发生交通事故。

3.幼儿扮演行人安全通过马路。让幼儿在情景表演中知道通过马路、通过十字路口要走斑马线，同时要仔细观察红绿灯，知道看见红灯停一停，绿灯亮了大胆行。

图 20-3

二十一　竹韵乐坊

设计制作：时晓芳
作品类别：艺术类
适用年龄：幼儿园中、大班 4~6 岁幼儿

一、作品外形和结构

（一）制作材料

黑竹、竹、竹篮、小铃铛、彩色布料、蜡染布料、毛线、木棍、废旧水杯、勺子。

（二）外形和结构

30厘米长金钱杆20对，5厘米、8厘米长快板各10对，高60厘米×120厘米悬挂打击乐2组、装饰竹篮5个。

图 21-1

二、作品制作方法

1.将黑竹截断成30厘米长竹棍40根、将绿竹截断成35厘米、30厘米、25厘米、20厘米、15厘米、10厘米、5厘米竹筒各一根，10厘米斜面竹筒5根，截成60厘米长竹棍4根，截成120厘米长竹竿4根，将直径大的竹筒划开成竹块，再截断成5厘米、8厘米长度。

2.将截断的不同规格的竹筒、竹竿修剪、打磨以及其他处理。

3.在黑竹两端打孔，用红色毛线做成小绣球，穿上小铃铛，将绣球2个一组固定在黑竹的两端。

4.将竹块打磨处理，在任意一端打孔，将彩色布料裁剪成三角形后，固定在一端孔上。

5.在120厘米长的2根竹筒上分别打上7个小孔，再与60厘米竹棍固定在一起，加上三角底座，做成竹架子，将大竹筒从长到短悬挂固定在竹架子上，将废旧水杯间隔悬挂。

6.将废旧水杯用蜡染布装饰，在杯口处钉上小铃铛，依次悬挂固定在另一个竹架子的下一横排，将短竹筒与废旧勺子依次悬挂在竹架子的上一横排。

三、主要功能和特点

（一）主要特点

本套玩具充分利用"竹"的特点通过创意设计而成，具有创新性、安全性、环保性等特点。适合中、大班4~6岁幼儿操作，操作性较强，不受时间、空间、场地的限制，是一组具有开放性特点的玩具。

（二）主要功能

1.通过打花杆游戏，让幼儿了解民间传统游戏中的韵律美，感知游戏的乐趣。

2.在快板游戏中，练习说唱节奏及口语表达能力，灵活幼儿双手，使之感受快板的明快节奏中的韵律美。

3.在敲敲打打中，掌握音乐中的音阶关系，区分不同材质敲打出的声音的区别。

四、使用案例

1. 辅助教学功能,教师可将之作为艺术活动中的教具用。将这套玩具搬上讲台,能使抽象的音乐活动具体化、直观化。通过教师的讲、教、演示等方法,让幼儿对音乐活动感兴趣,从而激发幼儿对音乐游戏活动的热情。

2. 快乐金钱杆:幼儿右手拿杆,左手有节奏地敲打金钱杆的左右两侧,也可用金钱杆敲打左右肩膀。

3. 快板:幼儿右手有节奏地敲打快板,并配上儿歌,训练幼儿的语言能力与肢体的协调性。

4. 敲打大战:幼儿多人合作,将金钱杆、快板、悬挂打击乐组合,幼儿自由表演,玩出创意,共同演绎童音的美妙。

图 21-2

二十二　趣味彩条

设计制作:时晓芳　洪珊
作品类别:运动类
适用年龄:幼儿园小、中、大班 3~6 岁幼儿

一、作品外形和结构

(一)制作材料

废旧广告条、彩色颜料、剪刀、废旧报纸、胶布、面条棍。

(二)外形和结构

3米、5米、6米、8米、10米长的广告条若干与3米、5米长的布条各两条,布条上有小手印、小脚印图案;大、中、小型爬爬圈各3个;钻爬网一组;3米、5米跳绳各数条。

图 22-1

二、制作方法

1. 将广告条任意剪短成3米、5米、6米、8米、10米长的布条各若干条,将布条两

端用针线包边缝制。

2.分别在3米、5米布条上画上小脚印和小手印，图案可有序排列，也可更具创意，晾干即可。

3.缝制大、中、小型爬爬圈各3个，拼接处作包边缝制。

4.有规律地在10米长布条上裁剪若干拱形圆洞，再多条拼接成一组钻网。

5.将广告条裁剪成细条后，再编成3米、5米跳绳各若干条。

三、主要功能和特点

（一）主要特点

本玩具轻便、安全、结实，不怕摔，不易坏，适合3~6岁幼儿操作。可塑性较强，具有丰富的造型价值，而且制作过程简单，技术要求不高，局限性小，生活中随处可见、可收集，易收纳。具有突出的"多功能"造型特点，富有教育性、科学性、直观性。

（二）主要功能

1.让幼儿感受各种材料的不同特性，合理利用身边的废旧材料制作出可供多人游戏的玩具或道具。

2.通过拉、拖、举、划等游戏的练习，发展幼儿上肢机能及手指灵活度，促进幼儿整体动作的协调。

3.在游戏活动中训练走、跑、跳、跨等基本技能，发展幼儿腿部力量。

4.在教师的启发和引导下通过钻、爬、滚技能训练，使幼儿大胆运用材料进行多次尝试和体验，培养幼儿的耐力和恒心。

5.通过幼儿体验式游戏，培养幼儿的思维拓展能力、创造力及空间想象力。

6.在自主合作、探究、交流中培养幼儿的合作意识和交往能力，体验创作的乐趣，享受合作游戏的快乐。

四、使用案例

1.骑马：设置一定距离或障碍，根据幼儿年龄选择长短不同的广告条，幼儿一人或多人双腿骑在布条上，双手紧握布条，玩骑马游戏，训练跑跳能力。

2.坐小船：一名幼儿选择布条的一端双手握起，1~4名幼儿坐上布条，由前面幼儿拉着布条向前走，玩坐小船游戏。

3.爬爬圈：设置一定的距离，幼儿一人或多人一组，钻进圈内进行爬行比赛，先爬行到终点者为胜，可多名幼儿站立在圈内，双手共同向上滑动布条前行进行比赛。

4.划龙舟：结合传统划龙舟游戏，组织8~12名幼儿分两排坐上布条，幼儿手拿面条棍或纸棍作桨，两侧划龙舟，教师在前拉着布条前行。可开展亲子游戏多组比赛，先到达终点组为胜。

5.拔河：设置中点，组织4~10名幼儿分左右两侧拉绳，听口令进行拔河比赛。

6.旋转圈：两名幼儿面对面或背对背将布条绕在腰部，听口令同时向远距离旋转，再向彼此旋转，先将自己腰上的布条旋完或绕完者为胜。

7.舞龙：幼儿 8~12 人双手将布条举过头顶，一名幼儿在前面舞信号球，全体合作根据信号球的方向变化交替走、跑等，并创编简单的舞龙动作，体验传统舞龙游戏的乐趣。

8.钻网：将布条网拉开距离左右固定，幼儿自由玩钻爬网游戏；或在部分网洞上添加交通标识，玩交通游戏；还可玩迷宫游戏及其他环保游戏。

9.跳绳：幼儿自主选择短绳或长绳，玩单人跳、双人跳、集体跳、花样跳等跳绳游戏，锻炼自身身体的协调性及合作能力。

10.小手印、小脚印：幼儿根据布条上的图案玩小手印、小脚印游戏，练习身体旋转、脚位方向快速辨别等能力。

五、活动图片

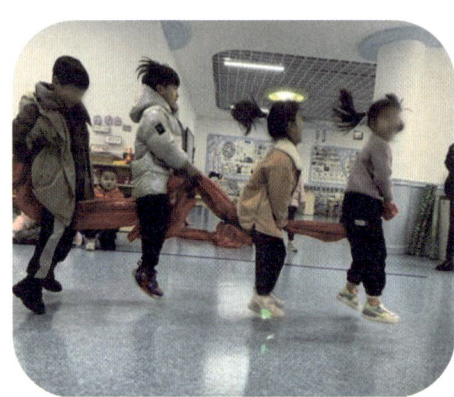

图 22-2

图 22-3

图 22-4

图 22-5

第二篇章
自制玩教具与户外游戏操作图解

一　爬　绳

- **所需玩具**：布绳、尼龙绳。
- **制作材料**：废旧布条、尼龙线。
- **适用年龄**：4~6 岁。
- **适宜地点**：宽敞、平坦地。
- **教育价值**：练习顺爬、倒爬、仰爬，培养幼儿手臂、腿部力量以及爬行能力。
- **玩法**：

小班：练习平地沿绳爬行、也可一人或多人踩绳走平衡。

中班：练习平地沿绳顺爬、倒爬、斜爬，可一人或多人爬行比赛。

大班：练习平地仰爬绳，斜坡向上爬绳或增加难度爬。

- **安全提示**：

1.爬行前先固定好绳的两端，检查稳固性。

2.多人爬行时，要有间隔距离，避免前面幼儿的腿蹬到后面幼儿的头部。

二　赶小球

- **所需玩具**：小纸球、纸棒、小棒。
- **制作材料**：报纸、透明胶、小木棒、纸棍（废旧水果篮）。
- **适用年龄**：3~6 岁。
- **适宜地点**：户外较宽场地。
- **教育价值**：练习手眼协调，培养幼儿做事有始有终的品质。

●玩法：

小班：可以将纸球用小棒赶到指定的区域，先到者为胜。

中班：可以在地上画上路线，提高赶小纸球的难度，将小球赶到指定的区域，先到者为胜。

大班：可以在规定的路线上，将小纸球赶到小篮筐中。行进的路线上可以设立障碍，增加游戏的难度。

●安全提示：

1.将小棒处理光滑，避免弄伤幼儿的手指。

2.提醒幼儿不将小棒对准他人和自己。

三　钻爬网

●所需玩具：布网、椅子等辅助物。

●制作材料：橡皮筋、垫子、广告布。

●适用年龄：3~6岁。

●适宜地点：垫子上、草地上。

●教育价值：练习手脚撑地爬、手膝着地爬等多种爬行动作；发展身体协调地钻过障碍、多人合作练习抛接的能力。

●玩法：

小班：练习手膝着地爬过垫子。

中班：可以练习爬行和屈走，钻过网子。

大班：除练习钻、爬动作外，还可以让多名幼儿将小球放在网中练习抛、接。

●安全提示：

1.提醒幼儿不要用手使劲拉扯网。

2.不将脖子伸入网中，确保安全。

四 拼版

- 所需玩具：各种材质的拼板。
- 制作材料：纸板、薄木片、装饰材料。
- 适用年龄：3~6 岁。
- 适宜地点：较平坦的场地。
- 教育价值：发展幼儿创意组合思维，平衡、跳跃等能力。
- 玩法：

小班：将若干拼板摆放在一起进行跳跃。

中班：将一定数量的拼板放在小车上，进行推车游戏。

大班：每人取两块拼板，进行"摸石头过河"的游戏；可以利用辅助材料搭建立交桥、公路，玩交通游戏；还可以进行创意比赛，鼓励幼儿的创新玩法。

- 安全提示：
1. 木拼板边缘进行打磨，保持光滑。
2. 进行跳跃游戏时，如果是跳在拼板上，缩短拼板之间的距离，预防滑倒。

五 踩高跷

- 所需玩具：高跷、障碍物等。
- 制作材料：奶粉罐、竹筒、麻绳、易拉罐等。
- 适用年龄：5~6 岁。
- 适宜地点：平坦地面。
- 教育价值：发展幼儿的平衡能力与手脚协调性。
- 玩法：

小班：可用高跷让幼儿练习行走，可用低矮的木桩让幼儿练习曲线行走。

中班：可用易拉罐和塑料做的高跷让幼儿练习平衡走。

大班：可以用奶粉罐和木头做的高跷让幼儿练习平衡走。

● 安全提示：

1.提醒幼儿不要随意追逐、乱跑。
2.掌握重心，避免摔跤。
3.在平衡桩上行走时，大家要向同一个方向行走，避免碰撞。

六　纸筒棒

● 所需玩具：彩色纸筒。
● 制作材料：纸筒，彩色不干胶。
● 适用年龄：3~6岁。
● 适宜地点：户外较宽的场地。
● 教育价值：发展幼儿搭建、跳跃的技巧和能力。
● 玩法：

小班：简单拼搭，摆放距离比较近，然后让幼儿进行走跨训练。

中班：摆放得远一些，让幼儿尝试单脚和双脚的蹦跳，注意不要踩在纸筒上。

大班：在地上摆出各种格子、造型或者设置障碍，让幼儿跳跃或者跑跳。

● 安全提示：

跳跃时排好队，不拥挤；掌握自己跳跃的距离，预防踩在纸筒上滚滑摔跤。

七 玩绳

- **所需玩具**：布绳、塑料绳、电话线。
- **制作材料**：布、塑料线、电话线。
- **适用年龄**：3~6岁。
- **适宜地点**：户外宽敞的场地。
- **教育价值**：练习跳跃和走的动作，发展与他人合作的能力，体验合作游戏的快乐。
- **玩法**：

小班：可以将绳在地上摆放成形状（如：S形、Z形）练习走和跳。

中班：在教师指导下练习单个跳，连续跳。

大班：可以学习双脚跳、正反跳、集体跳、数数跳、编花跳等。

- **安全提示**：

1. 提醒幼儿不要把绳勒在自己或别人的身体和脖子上。
2. 甩绳时，与幼儿保持一定距离，避免绳伤到幼儿。
3. 对制作的绳要经常清洗、曝晒、消毒，保持干净。

八 布棍

- **所需玩具**：布、棉花。
- **制作材料**：废布头、棉花、纽扣等。
- **适用年龄**：3~6岁。
- **适宜地点**：室内外平坦的场地。
- **教育价值**：训练幼儿爬行、跳跃、拼搭等技能，发展幼儿身体灵活性及协调性。
- **玩法**：

小班：可进行简单拼搭，可练习数数、区分颜色、长短等。

中大班：

玩法一：将布棍拼接加长，按直线、曲线摆放，练习正面爬行或侧身爬行。

玩法二：可任意摆放成各种格子，练习跳房子游戏；可拼成迷宫玩游戏。

● 安全提示：

1.懂得游戏规则。

2.游戏中避免相互碰撞，造成伤害。

九 跨栏

● 所需玩具：奶粉罐、木棍、竹竿、竹筒。
● 制作材料：奶粉罐、废纸盒、木棍。
● 适用年龄：3~6岁。
● 适宜地点：户外宽敞的地方
● 教育价值：训练幼儿的单脚跨跳、双腿并跳的能力，发展幼儿的肢体力量，提高动作协调性。
● 玩法：

小班：幼儿可以练习S形走、跨走、障碍走。

中班：幼儿可以练习双脚并拢跳、跨跳。

大班：可以增加宽度以增加跳的难度，或变换跨栏的摆放形式。

● 安全提示：

1.幼儿游戏时不用脚踢、踩玩具，学习爱护玩具。

2.教师在观察游戏时根据幼儿的表现灵活地提出不同的要求。

十　投掷网

- 所需玩具：网兜、投掷球、报纸球。
- 制作材料：网、塑料圈。
- 适用年龄：3~6岁。
- 适宜地点：户外较宽的场地。
- 教育价值：锻炼幼儿投、抛、接动作及相互配合的能力。
- 玩法：

小班：两人一组，近距离一个抛球，一个拿着网接球；还可以将网固定，让幼儿在一定距离外练习投球。

中班：两队幼儿站成两排。一个拿着网接球，一个进行抛球，还可以进行交叉抛接球。

大班：远距离自由抛接球，可设置各种队形练习抛接球；可增加其他辅材练习抛接。

- 安全提示：
1. 向上抛球时不要砸到其他伙伴。
2. 接球时注意观看周围的障碍物。

十一　趣玩广告条

- 所需玩具：广告条系列。
- 制作材料：废旧广告条、布条。
- 适用年龄：3~6岁。
- 适宜地点：宽敞平坦的场地。
- 教育价值：发展幼儿走、跑、钻、拉、拖、举、划的技巧和能力以及身体动作的协调性，培养幼儿合作意识和交往能力。
- 玩法：

小班：多人一起坐在广告条上，玩划船游戏；也可在布条上爬行。

中班：将广告条平铺在地面上，设置一定距离进行跨跳活动，可增加难度玩划船游戏。

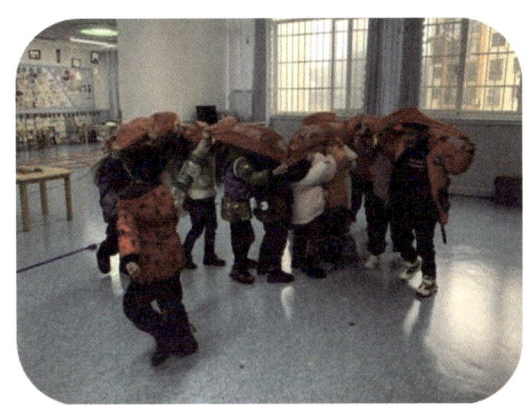

大班：多人跨上布条，练习骑马；可多人合作将布条举上头顶，玩舞龙游戏；可进行拔河比赛游戏；可制作成爬爬圈，幼儿钻进圈内进行爬行比赛。

●安全提示：

1.游戏时走、跳的脚步要一致，避免摔伤。

2.广告条要拉直，避免缠绕住四肢和身体，造成伤害。

十二 钻山洞

●所需玩具：自制山洞、垫子、轮胎。

●制作材料：饮料瓶子、奶粉罐、轮胎、铁丝。

●适用年龄：3~6岁。

●适宜地点：户外平坦场地。

●教育价值：发展幼儿的钻爬能力及身体控制能力。

●玩法：

小班：设置短距离山洞，让幼儿手膝着地、

手脚撑地爬行，穿过山洞。也可让两个幼儿直接双手搭洞玩钻爬。

中大班：设置长距离山洞，而且变换山洞形状，增加转弯、曲线等难度，练习钻爬。

●安全提示：

1.幼儿游戏时保持移动距离，不可推挤其他伙伴。

2.下蹲行走时控制好自己的身体，防止倒地。

十三 钻箱

- **所需玩具**：方便组装、拆卸的纸箱、泡沫垫。
- **制作材料**：废旧大纸箱、废旧泡沫垫、宽胶布。
- **适用年龄**：3~6 岁。
- **适宜地点**：户外宽敞的场道。
- **教育价值**：发展幼儿的钻爬能力和身体的协调能力，体验钻爬的快乐。

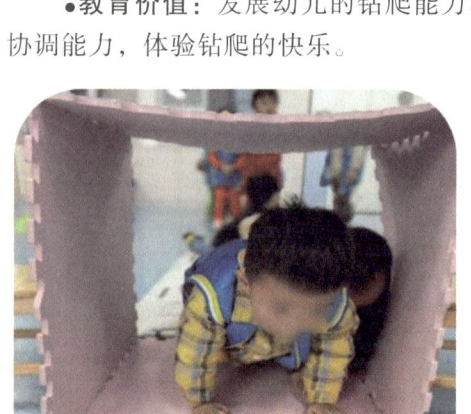

- **玩法**：

小班：钻箱的数量少一点。幼儿在钻爬的过程中体验黑暗、光明。

中大班：设置数量较多的钻箱，增加曲折，提高钻出的难度，幼儿进行比赛，先找到出口并先钻出来的幼儿获胜。

- **安全提示**：

1. 用胶布缠绕纸箱的边沿，预防割伤幼儿。
2. 固定好钻箱的连接处，避免钻箱时倒塌。

十四 爬爬乐

- **所需玩具**：自制广告条爬梯、沙包、运动垫子。
- **制作材料**：废旧广告条、布袋、沙包。
- **适用年龄**：3~6 岁。
- **适宜地点**：户外较平的场地、钻爬区。
- **教育价值**：练习和提升多种爬行的技巧和能力，发展幼儿身体协调性。
- **玩法**：

小班：适当调整爬行距离；指导幼儿手膝着地练习多种爬法。

中大班：控制爬行路线和距离，引导幼儿沿着爬行路线背着物品自己创新方法爬到指定地点。

- **安全提示**：

1. 纸板、垫子的表面要光滑。
2. 幼儿游戏时保持一定距离，防止前面爬行的幼儿蹬到后面的幼儿。

十五　小脚印

- 所需玩具：小脚印、小手印。
- 制作材料：废旧纸板、广告条、颜料。
- 适用年龄：3~6岁。
- 适宜地点：较宽场地
- 教育价值：锻炼幼儿的身体平衡能力、跳跃力。
- 玩法：

小班：幼儿各自取一串小脚印摆放成直线或圈，踩着小脚印走，或随纸板上设置好的简单手脚印　行走。

中大班：幼儿多人合作，将若干串小脚印垫

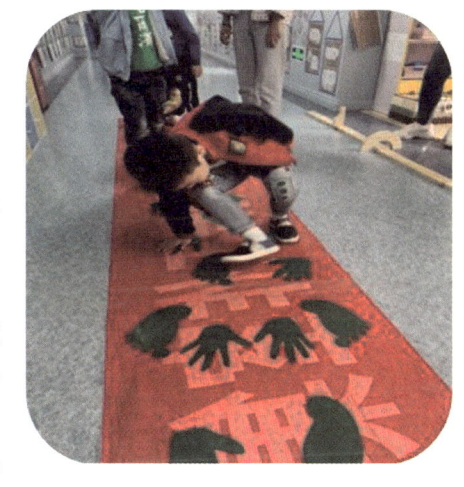

摆成各种形状，按照一定的顺序踩着小脚印走；幼儿可分组进行比赛，最先走完且没有掉下来的组获胜。或随纸板上设置好的手脚印练习跳跃。

- 安全提示：

1.幼儿间保持一定距离，摆放时将小脚印间的带子拉直，预防绊倒。

2.在纸板上跳跃时，不可多人同时游戏。

十六 圈网

- 所需玩具：塑料圈网、竹圈网。
- 制作材料：松紧带、布、塑料、圈、竹条。
- 适用年龄：3~6岁。
- 适宜地点：户外较宽的场地。
- 教育价值：通过抛接、跳跃，促进幼儿肢体发展及协调、平衡、控制能力的发展。
- 玩法：

小班：幼儿利用圈网进行转圈游戏；自抛自接小球等。

中班：幼儿头顶圈网沿线行走；幼儿两人合作进行对抛对接。

大班：幼儿用圈网进行滚轮子比赛，或将圈网放地上练习跳跃；可用圈网进行遮挡游戏或粘耙球游戏。

- 安全提示：
1. 用轻便的物体或球作为抛接物。
2. 滚圈网时保证场地宽敞，对面无人。

十七 粘耙球

- 所需玩具：粘耙球、粘贴物。
- 制作材料：废布、棉花、粘耙条。
- 适用年龄：3~6岁。
- 适宜地点：室内外平坦的场地。
- 教育价值：锻炼幼儿的手眼协调能力，平衡能力以及手部、肺部的力量。
- 玩法一：

小班：利用粘耙球进行抛接、近距离投掷等游戏。

中大班：利用粘耙球进行一定距离的投掷；

练习用脚携球跳并能前进一段距离；利用粘耙板进行投掷。

●玩法二：

小班：用粘贴板进行投远、抛滚练习。

中大班：幼儿合作游戏，结合粘耙球进行抛接练习。

●安全提示：

1.幼儿奔跑时，防止相互碰撞造成危险。

2.幼儿进行抛接有一定难度，可先进行自我抛接练习，然后再合作进行短距离的抛接，后逐渐拉开抛接距离。

十八 竹 竿

●所需玩具：竹竿、竹筒等。
●制作材料：废旧竹竿、即时贴等装饰物。
●适用年龄：3~6岁。
●适宜地点：室内外宽敞的场地。
●教育价值：发展幼儿的跳跃能力；培养幼儿的节奏感、协调性和合作能力。

●玩法：

小班：竹竿间隔一定距离摆放，幼儿依次跳过竹竿。

中班：幼儿两人握竹竿，根据节奏"开-合-开-合-开-开-合"摆动竹竿，其余幼儿根据竹竿的开合跳竹竿舞。

大班：摆动竹竿的人数可以增加，也可增宽间距，以丰富活动。

●注意事项：

1.竹竿需要经过打磨处理，以防划伤幼儿。

2.在跳竹竿游戏中，摆动竹竿的幼儿需配合，节奏统一，以防夹伤其他幼儿。

十九　梅花桩

- **所需玩具**：易拉罐、奶粉罐。
- **制作材料**：易拉罐、胶布、木头、奶粉罐。
- **适用年龄**：3~6 岁。
- **适宜地点**：平坦的场地。
- **教育价值**：发展幼儿的跳跃、平衡等能力及肌肉力量。
- **玩法**：

小班：将梅花桩间隔一定距离摆放，幼儿可进行绕障碍跑。

中大班：将两组（或多组，根据幼儿年龄特点）梅花桩按不同要求摆放，锻炼幼儿跳跃能力，幼儿踩在桩墩上进行探险游戏，进行双数托举。

- **安全提示**：
1. 奶粉罐中可加入一定的沙子，稳定重心。
2. 可用胶布将几个易拉罐固定在一起，避免移动，减少安全隐患。

二十　彩虹伞

- **所需玩具**：彩虹伞。
- **制作材料**：废布或塑料袋、废旧纽扣。
- **适用年龄**：3~5 岁。
- **适宜地点**：平坦宽敞的场地。
- **教育价值**：集体上抛彩虹伞，观察彩虹伞下降，掌握抛物品的方向。
- **玩法**：

小班：将彩虹伞平铺于地面，幼儿随音乐练习在规定的颜色上顺爬，可沿彩虹伞的形状，练习环形爬行。

中大班：手握彩虹伞边沿，用力向上抛，观察彩虹伞慢慢落下来；可将皮球或纸球放在彩虹伞上，幼儿用力向上抛，观察球抛出的高度或降下来的速度。

●安全提示：

1.抛伞时幼儿抛的动作要统一，避免幼儿上抛动作不一致造成伤害。

2.幼儿抛出彩虹伞时尽量向上，不对着其他伙伴。

二十一 多变钻圈

- ●**所需玩具**：钻圈、其他辅助材料。
- ●**制作材料**：竹条、铁丝、塑料圈。
- ●**适用年龄**：3~6岁。
- ●**适宜地点**：平坦场地。
- ●**教育价值**：发展幼儿的钻爬、身体协调及跳跃能力。
- ●**玩法**：

小班：幼儿利用钻圈练习跳跃。

中班：幼儿相互合作，练习单脚跳、双脚跳圈；可将圈立在地面，幼儿钻爬一个或多个圈；可多名幼儿将圈套在自己的腰部，用手握圈玩开火车游戏。

大班：幼儿分小组进行传圈游戏（幼儿身体从圈里钻过去后将圈传给下一位伙伴）；可练习连续跳圈游戏；可将圈套在身体上，利用腰部摆动使圈转起来。

●安全提示：

1.检查钻圈的接口处是否完好。

2.不能将圈套在脖子上拉扯，以免造成伤害。

二十二　木翘板

- ●所需玩具：木翘板、纸球等。
- ●制作材料：木板、轮胎。
- ●适用年龄：3~6岁。
- ●适宜地点：平坦场地。
- ●教育价值：锻炼幼儿的耐心、发展其左右平衡力，让幼儿体验力的作用。
- ●玩法：

小班：幼儿可双脚分站木翘板的两边，练习平衡。

中班：幼儿脚踩木翘板的末端，将另一端的球弹起来，比赛看谁的球被弹得远。

大班：脚踩木翘板，将球从一端移到另一端，且保证球不能落地；比赛谁的球先到。

- ●安全提示：

1.用脚弹球时，避免球砸到自己或身后的小朋友。

2.左右两端的幼儿要统一上下，避免上下不一造成伤害。

二十三　布尾巴

- ●所需玩具：布尾巴。
- ●制作材料：废旧布料、针线、较软的填充物。
- ●适用年龄：3~6岁。
- ●适宜地点：户外宽敞的场地。
- ●教育价值：发展幼儿的跳跃、躲避、敏捷、合作能力，体验游戏的快乐。
- ●玩法：

小班：将布尾巴固定在腰间，幼儿相互在躲避中进行揪尾巴的游戏（或进行亲子揪

尾巴活动）。

中大班：将布尾巴任意拼搭，进行建构游戏。可间隔摆放、格子摆放，练习跨跳、双脚立定跳、跳房子等游戏；可练习数的概念的活动。

●安全提示：
1.游戏的地点要安全、宽敞。
2.布尾巴内不能装较硬的物体。

二十四　沙　包

●所需玩具：沙包、距离线、平衡木等。
●制作材料：废旧布料、玉米粒等填充物。
●适用年龄：3~6岁。
●适宜地点：室内外平坦的场地。
●教育价值：发展幼儿的平衡能力，锻炼手臂、腿部力量。
●玩法：
小班：用沙包进行抛接、抛高练习。
中班：将沙包放在头上，进行平衡练习。

大班：幼儿进行投远等竞赛，或双膝夹着沙包练习跳跃；也可一只脚背上放沙包，练习平衡走；可以两人合作玩运沙包游戏。

●安全提示：
1.沙包的填充物不能太硬，不可太多。
2.游戏时，沙包不能投向同伴的脸部。

二十五　彩纸棒

●所需玩具：彩色纸棒。
●制作材料：废旧报纸、彩色蜡光纸、即时贴。
●适用年龄：3~6岁。
●适宜地点：户外平坦的场地。
●教育价值：发展幼儿跑、跳、跨等基本技能，锻炼动作的协调性；学会搭建、组合、围合、平面延伸等创意操作，培养合作能力。

●玩法：
小班：可以将纸棒摆放成一定形状让幼儿练习简单的跳跃；可一人或多人进行简单的拼搭游戏。

中班：多人合作创意搭建，做棍操游戏；可进行简单的排序、比较等游戏。

大班：做各种创意平面、迷宫、纵向搭建游戏；可做接力棒、推赶物体以及其他技能游戏。

●安全提示：
1.不可将纸棒用作"武器"和同伴打闹。
2.不能在有积水的地面玩相关游戏。

二十六　巧搭建

●所需玩具：纸杯、小纸盒等。
●制作材料：各种纸杯、废旧纸盒、其他可搭建的辅材。
●适用年龄：3~6岁。
●适宜地点：室内外较宽敞的场地。
●教育价值：自主搭建、组合、穿插、垒高等，培养幼儿的空间想象及思维能力，发展幼儿的动作协调能力和同伴之间的合作能力。

●玩法：
小班：幼儿多人合作，进行简单的平面搭建。

中大班：幼儿多人一组，自主搭建、组合、垒高等；可参照建筑物进行创意搭建；可用多项材料组合进行搭建。

● 安全提示：

1. 搭建材料必须符合要求。

2. 垒高过程中，注意搭建技巧，避免高处物品倒下来造成伤害。

二十七　走梯子

● 所需玩具：木质梯子、竹梯子、轮胎、布袋、沙袋等。

● 制作材料：木质梯子、竹梯子。

● 适用年龄：3~6岁。

● 适宜地点：户外平坦的场地。

● 教育价值：练习在梯子上平衡行走，发展平衡走、跳跃、攀爬等多种能力。

● 玩法：

小班：幼儿可练习独立走过梯子。

中班：可练习携带物品负重走梯子（如抱布娃娃）或爬行过梯子。

大班：可练习用头顶着物品走梯子，或用轮胎、凳子等辅材搭建，变换摆放的形式（如直线、曲线等）增加游戏难度；可将梯子立起来靠在前面，玩爬梯子取物游戏。

● 安全提示：

1. 行走时不与他人拉扯，避免摔跤。

2. 游戏时检查梯子是否摆放平稳。

3. 注意看护孩子，避免受伤。

二十八　平衡挑挑

- ●所需玩具：塑料平衡挑、竹筒挑。
- ●制作材料：竹筒、塑料油桶、绳、木棍、沙。
- ●适用年龄：4~6 岁。
- ●适宜地点：户外、廊道。
- ●教育价值：训练幼儿上肢和下肢动作的协调性，发展其走、跑、跨游戏中的平衡能力，在游戏情境中体验运动的快乐。

- ●玩法：

小班：幼儿两人合作练习抬着竹筒、塑料油桶顺走前行。

中班：幼儿将桶拉线挂于木棍的两端，玩挑的游戏；可挑物绕障碍走。

大班：可在桶内加一定量的物品，幼儿练习挑物游戏，可设置障碍挑物游戏。

- ●安全提示：

1.用来挑的杆必须是平滑的，挑桶里的沙不能装太多。

2.游戏时，幼儿之间要保持一定的间距，避免受到挑杆的伤害。

二十九　滚彩球

- ●所需玩具：彩球、竹槽、彩色塑料槽。
- ●制作材料：竹板槽、塑料块、小彩球、打磨砂布。
- ●适用年龄：4~6 岁。
- ●适宜地点：户外、廊道。
- ●教育价值：让幼儿在科学探究中体验彩球滚动的乐趣，培养合作意识。

- ●玩法：

小班：幼儿将竹板槽相连接，使彩球在板槽中快速滚动。

中大班：借助辅助物，增加竹板槽、塑料块中滚动的难度（如斜坡、转角、障碍等），

多人合作，探究彩球滚动的秘密；也可将板槽平放在桌面上，幼儿将小彩球放到板槽的一个端口，幼儿用力将球吹向对方。

●安全提示：

1.竹板槽必须要磨边，光滑，保证安全。

2.在合作游戏时，注意间距，以免相互碰头。

三十　跳拍球

●所需玩具：塑料球、纸球。

●制作材料：跳网、塑料球、废旧报纸。

●适用年龄：4~6岁。

●适宜地点：室内外场地。

●教育价值：培养幼儿双腿向上的弹跳力，发展手臂力量，体验跳跃的快乐。

●玩法：

中班：一人或多人玩跳跃拍球，可单个向上跳跃拍球。

大班：一人或多人玩跳跃拍球，可连续向上跳跃拍同一个球；也可向前跑跳拍多个球；还可交叉跳拍球。

●安全提示：

1.上挂的球之间的相隔距离不能太近，防止球与球之间的绳缠绕在一起。

2.跳跃拍球时，要遵守规则，不能打闹，避免撞伤。

三十一　障碍运球

- **所需玩具**：塑料球、纸球。
- **制作材料**：塑料球、废旧报纸、泡沫垫、可乐瓶、宽胶布。
- **适用年龄**：4~6岁。
- **适宜地点**：室内外场地。
- **教育价值**：培养幼儿绕障碍跑，锻炼其手脚协调性，两人合作斜着跑，发展手臂力量，体验两人合作游戏的快乐。

- **玩法**：

中班：幼儿两人合作双手互搭，用泡沫垫将球运到终点站，幼儿一组或多组可同时运球。

大班：用可乐瓶布置场地，幼儿2人一组同时抬着球绕可乐瓶走或小跑，也可用报纸抬球，绕障碍物运球。

- **安全提示**：

1. 运球时，两人迈开的脚步要一致，以免摔伤。
2. 绕障碍物时要平着走，以防被障碍物绊倒导致受伤。

三十二　跳小河

- **所需玩具**：报纸条、报纸。
- **制作材料**：废旧报纸、胶布。
- **适用年龄**：3~6岁。
- **适宜地点**：平坦场地。
- **教育价值**：发展幼儿的爬行、跳跃等能力，训练手脚协调性。
- **玩法**：

小班：幼儿可一人或多人同时近距离跳跃，从一条报纸上跳到另一条报纸上。可幼儿合作，一组幼儿手举报纸，另一组幼儿从下面穿过。

中大班：

玩法一：将多条报纸按不同距离摆放，练习连续跳跃过小河，幼儿可一人或多人同时跳跃，也可接力跳跃。

玩法二：将报纸条铺成各种图形小道，幼儿可一人或多人爬行，也可接力爬行。

●安全提示：

1.幼儿跳跃时，注意双脚跳跃的正确要领，双手要随身体同时摆动，保持平衡。

2.爬行时幼儿间要保持一定的距离，以防前面幼儿的双脚蹬到后面幼儿的头部。

三十三　报纸运物

●所需玩具：纸球、报纸球、其他物品。

●制作材料：废旧报纸、宽胶布。

●适用年龄：4~6岁。

●适宜地点：室内外场地。

●教育价值：培养幼儿身体协调性，使其体验合作游戏的乐趣。

●玩法：

中班：幼儿两人一组将报纸拉平整练习运物（或报纸球），保持物品不掉下来，幼儿一组或多组可同时运球。

大班：幼儿两人合作正面运物（或运纸球）绕障碍走，或幼儿2人一组背对背抬纸运物，幼儿可一组或多组同时进行游戏。

●安全提示：

运球时，两人迈开的脚步要一致，以免摔伤。

三十四 骑马

- **所需玩具**：竹马、木马。
- **制作材料**：木棍、竹棍、其他物品。
- **适用年龄**：4~6岁。
- **适宜地点**：室内外场地。
- **教育价值**：体验骑竹马的乐趣；培养幼儿的竞争、合作意识和能力。
- **玩法**：

中班：幼儿双手握住竹竿（木棍）一端，骑在竹竿上练习骑马跳跃；可设置一定距离多人进行比赛，看谁先到达目的地。

大班：可增加一定情境或设置障碍，幼儿多人同时骑在竹竿（木棍）上练习骑马跳跃，可多组进行比赛，让幼儿完成一定任务。

- **安全提示**：
1. 游戏时竹竿不打到伙伴。
2. 竹的粗细要符合幼儿小手的大小。
3. 多人骑马时，跳跃的脚步要统一。

三十五 跳纸盒

- **所需玩具**：纸盒子。
- **制作材料**：废旧纸盒、其他物品。
- **适用年龄**：4~6岁。
- **适宜地点**：室内外场地。
- **教育价值**：体验跳跃的乐趣，发展幼儿的敏捷能力，使之体验游戏的快乐。
- **玩法**：

中班：将盒子按序摆放，幼儿进行跳跃练习，幼儿可一人或多人进行跳跃比赛，先跳到终点者为胜。

大班：将盒子摆放成迷宫，设置终点和起点，幼儿在跳跃中完成一定的任务。
- 安全提示：
1.盒子不能太宽，以免幼儿跳跃时摔跤。
2.跳跃时，前面与后面的幼儿要间隔一定的距离，避免碰撞。

三十六　倒爬绳

- 所需玩具：跳绳、布绳。
- 制作材料：麻绳、布条、皮筋。
- 适用年龄：4~6岁。
- 适宜地点：户外场地。
- 教育价值：培养幼儿的爬行技能，训练幼儿的上肢和下肢力量，发展幼儿身体的灵活性和协调性。
- 玩法：

中班：幼儿一人或多人合作，双手、双脚叉开放到绳的两侧练习顺爬游戏；可设置一定距离进行爬绳比赛。

大班：幼儿一人或多人合作，练习顺着或倒着爬行；可爬行接力赛，也可练习侧身爬绳；可倒爬曲线绳；可设置一定距离进行爬绳比赛。

- 安全提示：
1.绳子不能缠绕在身体和脖子上。
2.爬行时，头不要离地面太近，避免碰伤额头。

三十七 玩石

- 所需玩具：沙包、石子等。
- 制作材料：废布、细沙、鹅卵石。
- 适用年龄：3~6岁。
- 适宜地点：宽敞的场地。
- 教育价值：发展幼儿单脚跨跳、双脚跳跃等能力，训练手脚协调性，使之体验合作游戏的乐趣。
- 玩法一：

小班：用石子在桌面或地面进行简单的单元拼图游戏。

中班：用石子在桌面或地面进行组合拼图游戏，或玩按数取物游戏。还可将石子拼成格子，玩跳房子游戏。

  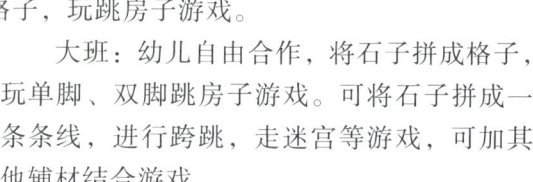

大班：幼儿自由合作，将石子拼成格子，玩单脚、双脚跳房子游戏。可将石子拼成一条条线，进行跨跳，走迷宫等游戏，可加其他辅材结合游戏。

- 安全提示：

1.进行跳跃时双脚不要踩到石子，以防双脚站不稳摔跤。

2.场地不能太滑，教师根据幼儿年段需要进行指导。

三十八 玩瓶罐

- 所需玩具：各种装饰的瓶罐、梅花桩、塑料圈、环保图卡。
- 制作材料：废旧瓶罐、不干胶、细绳、环保图片。
- 适用年龄：4~6岁。
- 适宜地点：户外场地。
- 教育价值：培养幼儿的搭建、走、跨跳、投掷的能力，发展幼儿身体的灵活性，使其体验游戏活动的快乐。

●玩法：

小班：可进行简单的搭建活动，可将瓶罐放在地面玩滚滚乐游戏。

中班：幼儿多人合作，进行瓶罐搭建及垒高活动；也可将瓶罐曲线排放，走 S 线，走迷宫等。

大班：多人合作进行立体搭建活动，可在瓶罐顶部贴上不同的标识，跳玩不同的游戏棋；可将瓶罐用线连接，玩舞龙游戏。

●安全提示：

1.瓶罐内装上细沙，增加瓶罐的安全性。

2.行走时不与他人拉扯，避免摔跤。

三十九 龙 趣

●所需玩具：广告条长龙、瓶罐龙等。

●制作材料：废旧广告条、废旧瓶罐、竹竿、细绳。

●适用年龄：4~6 岁。

●适宜地点：室内外宽敞地。

●教育价值：玩民间游戏"舞龙"，学会舞龙的技巧与基本方法，体验传统游戏的乐趣，感受与同伴合作舞龙的快乐。

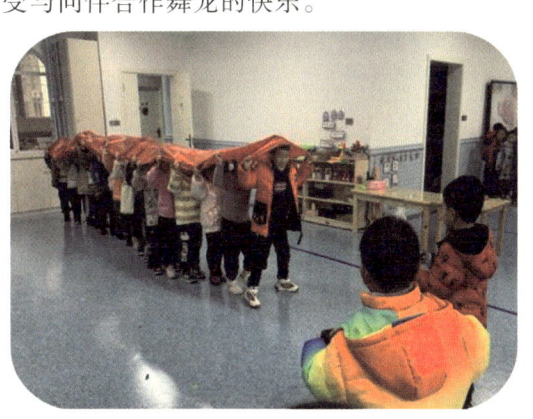

●玩法：

玩法一：幼儿多人合作双手举起"龙"杆（布），练习直线走或曲线走玩龙。

玩法二：幼儿多人双手举起"龙"杆（布），根据信号球的方向变化创编简单的舞龙动作；幼儿可统一左右摆动、上下翻滚、旋转等来玩龙。

●安全提示：

提醒幼儿在合作的过程中不推不拥挤，以免摔倒或弄伤对方。

四十　跳　圈

- 所需玩具：竹圈、呼啦圈、行为习惯图卡、交通标识图卡。
- 制作材料：竹条、细铁丝、行为习惯图卡、交通标识图卡、塑封纸等。
- 适用年龄：3~6岁。
- 适宜地点：室内外平坦的场地。
- 教育价值：训练幼儿单脚跨跳、双脚立定跳、根据信号跳等技能，发展幼儿身体平衡和协调性。
- 玩法：

小班：将圈一个一个连着放，幼儿练习走圈游戏；可将圈交错摆放，在圈内投放一些小动物，根据信号快速找到小动物。

中班：幼儿可根据圈的摆放及设置，练习单脚跳、双脚跳游戏；可在圈内贴上数字，听信号完成任务。

大班：可将圈拼摆成棋盘，幼儿结合行为习惯图卡、交通标识图卡，听信号玩跳圈游戏（如讲卫生进3步，幼儿便连续跳三个圈向前）。

- 安全提示：
1. 游戏时，前后跳圈的幼儿间距不能太近。
2. 规范跳跃，稳步落地。

第三篇章

自制玩教具与幼儿游戏活动

游戏 1　探索爬绳

适合年龄：5~6 岁
活动目标：1.学习爬绳的技术动作，发展幼儿上下肢肢体力量。
　　　　　　2.锻炼幼儿身体的平衡、协调能力，培养幼儿的耐力。
活动重点：训练爬绳的基本动作及身体的平衡、协调能力。
活动难点：幼儿游戏中的合作及耐力。
活动准备：自制布绳、麻绳、桌子、篮子、小红旗、音乐。

一、热身活动

师幼随音乐活动上肢、下肢、全身等。

二、基本部分

（一）共同体验，引发玩绳的兴趣

1.提出问题，引发思考。

绳子除了可以做操、跳绳，还可以怎么玩？请大家想一想。可以自己玩，也可以和你的同伴一起玩。

2.示范讲解，认真观摩。

（将绳捆绑在两端的立柱上，中间离地）

动作要领：双手握绳，用两脚和两腿夹绳，用力屈臂上引，使身体向前，两手轮流换握，还原成原样，然后反复进行。

（二）幼儿游戏，爬绳大探险

1.游戏大体验。

游戏一：小绳爬爬。

玩法：两名教师拉着绳的两端，幼儿仰躺在软垫上，按标准动作准备好，听口令从起点爬绳向终点，坚持爬到终点者为胜（注意幼儿爬绳时要有一定的间隔距离，避免前面幼儿双脚蹬到后面幼儿的头部）。

游戏二：快乐探险。

玩法：幼儿跑过一条小路，来到绳前双手紧握绳，双脚踩在斜坡桌面上顺着绳子用力向上爬过斜坡，然后提着篮子到达终点，取下小红旗，坚持到达终点者为胜。

2.分享与交流。

三、结束活动

师幼随音乐做放松动作，活动自然结束。

四、活动建议

中大班可结合软梯练习向上爬绳游戏，可增加难度，练习仰爬绳、正爬绳、上爬绳等游戏。

游戏 2 竹席滚滚

适合年龄： 4~6 岁
活动目标： 1.训练幼儿的钻、爬、跨跳能力，发展幼儿动作协调性、敏捷性。
2.探索竹席的不同玩法，提高幼儿思维能力及空间想象力。
活动重点： 幼儿在活动中钻、爬的动作要领。
活动难点： 培养幼儿的思维能力及空间想象力。
活动准备： 自制滚筒（废旧软竹席制作）、爬爬圈（大小圈）、运动垫、小旗、其他运动辅材、音乐。

一、开始部分

热身活动：师幼随音乐一起热身操。

二、基本部分

（一）幼儿自由探索钻、爬动作的要领

1.提供各种运动材料，引导幼儿练习钻、爬动作，教师做好观察与指导，鼓励幼儿的创新玩法。

2.幼儿大胆分享自己选择的材料，并介绍自己的玩法，教师带领其他幼儿一起学一学。

（二）引入主题，感知钻、爬基本技能

1.出示废旧软竹席制作滚筒、爬爬圈玩具，幼儿自由探索其玩法。教师观察幼儿对滚筒、爬爬圈的创新玩法，并进行记录。

2.分享与总结。请部分幼儿分享自己的探索经验，同时说一说软席玩具与其他运动材料的区别。（结合材料的软硬，总结游戏。如一人爬圈、多人顶圈走、侧身滚等游戏）

（三）合作游戏：滚动的竹席

1.场景布置。

师幼共同设置游戏场景，鼓励幼儿用软席自制玩具和其他运动材料组合布置游戏场景。

2.游戏玩法。

幼儿4人一组，听信号开始游戏。（软席爬爬圈）前行过小路，跨跳过小河（其他玩具设置），钻进软席滚筒侧身翻滚到终点，先到达者取下小旗获胜。下一组继续进行游戏。（提示：侧身翻滚时身体伸直，正确翻滚，保护头部安全）。

三、结束部分

幼儿随音乐做放松活动，活动自然结束。

四、活动建议

1.根据幼儿实际水平，设计游戏的难度；小班幼儿可以在老师的引导下进行简单的软席游戏。

2.中大班增加合作、探索、情境创设等内容进行游戏。将几个滚筒连接，让幼儿爬行过隧道，可多人同时站在爬圈内，手顶圈前行。

游戏 3 踩高跷

适合年龄： 4~6 岁
活动目标： 1.大胆探索高跷的不同玩法，熟悉、掌握高跷的动作。
　　　　　　 2.感受与他人共同游戏的快乐。
活动重点： 自主探索高跷的多种玩法。
活动难点： 掌握并熟悉高跷的动作。
活动准备： 自制竹、罐高跷若干、音乐、木墩、小树。

一、导入活动

热身运动：教师带领幼儿随着音乐有节奏地进行律动。

二、基本活动

（一）自由活动，探索高跷的多种玩法

1.交流谈话。

提出问题：小朋友们有没有玩过踩高跷？你见过哪种类型的高跷，别人是怎么玩高跷的？（幼儿自由交流）。

2.幼儿初探高跷玩法。

幼儿人手一副高跷，自由探索，老师进行观察引导。集中交流玩法，请同伴们一起学习新玩法。

3.活动小结。

高跷可以踩，可以坐，还可以搭建等；想要站得稳，必须是脚心踩在高跷上；想要走得快、踩得稳，必须双手把绳子拉直。

（二）游戏活动：翻山越岭

1.介绍游戏玩法。

在游戏的路上要走独木桥、钻山洞、绕过森林、跳过小河、爬阶梯，途中还可能会遇有危险，在途中我们只有踩高跷才能到达目的地。

2.幼儿再次练习后开始游戏，教师观察指导并小结。

三、结束活动

师幼共同随音乐做放松运动。

四、活动建议

1.小班可以将高跷摆成两条宽度不等的平行线，学小兔跳，尝试用前后跳、左右跳、单腿跳、立定跳远、跨跳等方式跳过高跷。

2.中班可增加游戏的竞赛性、规则和角色，减少过障碍环节，多引导幼儿熟练掌握踩高跷的方法。

3.大班游戏时适当增加过障碍环节，引导幼儿学会又快又稳地踩着高跷行走，还可以头顶物品踩高跷行走，看谁走得远。

游戏 4 摘果子

适合年龄： 5~6 岁
活动目标： 1.通过游戏，利用轮胎练习走、跑、钻、爬、跳等技能。
2.培养幼儿在游戏中的恒心，增强其自信心。
3.让幼儿喜欢玩轮胎游戏，体验游戏的乐趣。
活动重点： 喜欢玩轮胎游戏。
活动难点： 利用轮胎练习走、跑、钻、爬、跳等技能。
活动准备： 自制水果图卡、小树图片、篮子、轮胎。

一、开始部分

师幼共同随音乐做热身活动。

二、基本部分

（一）游戏活动：摘果子

1.谈话活动。

秋天到了，是收获的季节，果园里的果子成熟了，今天我们就要把成熟的果子摘回家。

2.设置轮胎的不同摆放形式，练习摘果子。

方法一：将轮胎摆成一竖排做小桥，对面摆放一棵果树。让幼儿从轮胎上走过，每人摘一个水果，从两边返回。

方法二：将轮胎摆成一竖排，让幼儿从轮胎上爬过去摘果子。

方法三：将轮胎站立摆放成一个个山洞，让幼儿从轮胎里钻过去摘果子。

方法四：将轮胎间隔摆放，让幼儿从轮胎上跑过去摘果子。

3.小结、分享。

引导幼儿分享是怎样利用多种走轮胎的方法摘到果子的。

（二）游戏活动：送轮胎回家

1.设置游戏障碍：场地上间隔布置小树。

2.将轮胎送回家：幼儿滚着轮胎S形穿过小树林。

三、结束部分

师幼做放松活动，自然结束。

四、活动建议

1.小班幼儿可以在轮胎上爬、从轮胎里钻过去。轮胎可以摆成长条形和圆形。还可以坐在轮胎里玩划船的游戏。

2.中班幼儿可以用轮胎进行走、跑、爬、钻等动作练习。

3.大班幼儿可以用轮胎进行走、跑、爬、跳、钻、翻滚等动作练习，可以用轮胎进行单脚跳、双脚跳、跨跳等活动。

游戏5　纸箱迷宫大闯关

适合年龄：4~6岁

活动目标：1.通过纸箱迷宫的各种玩法，锻炼孩子爬、钻的能力。

2.发展幼儿空间辨别能力和空间想象力。

活动重点：幼儿在迷宫中钻、爬的动作要领。

活动难点：培养幼儿的创造能力、合作能力。

活动准备：自制纸箱迷宫（纸箱侧面挖门洞），交通标识图卡，废布门帘，×、√符号标记卡，音乐。

一、开始部分

幼儿人手一个纸箱,听音乐开火车入场。

二、基本部分

(一)幼儿自由尝试纸箱的玩法

1.引导幼儿多人合作尝试纸箱的玩法,教师适时指导,教师进行观察。

2.鼓励幼儿大胆分享小组玩法,介绍自己的创新方法。并请幼儿一起学一学。

(二)揭示课题,引发兴趣

1.幼儿感知走迷宫的方法。(引导幼儿将纸箱任意摆放组合成迷宫,感知纸箱迷宫的结构,教师详细介绍走迷宫的方法)。

2.鼓励幼儿尝试迷宫游戏,分析遇到岔路口如何选择路线。

(三)纸箱迷宫大探秘

活动一:交通迷宫爬起来。

玩法:幼儿5人一组从入口进入迷宫,自由选择路线爬行前进,根据门洞上的交通标识钻爬迷宫。如当门洞上贴有"直行"标识时,幼儿继续爬行前进;当门洞上贴有"转弯"标识时,幼儿立即左转或右转前行。最先爬出门洞者获胜。

活动二:迷宫大闯关。

玩法:在迷宫的部分迷宫的门帘上贴上"×、√"符号标记卡,幼儿进行闯关游戏,当爬行通过"×"标记门洞时,此路不通,当爬行通过"√"标记门洞时,幼儿闯过第一关。闯关继续进行,直至闯关完全成功,顺利钻出迷宫者获胜。

三、结束部分

1.活动总结与评价。

2.材料整理,活动结束。

四、活动建议

1.小班可在迷宫内贴上小动物图卡,玩找朋友游戏;可根据预设目标玩迷宫游戏。

2.大班可根据幼儿发展需要,让幼儿自行设计迷宫内容,进行游戏。如"猫捉老鼠""找宝藏"等游戏。

游戏6 蜗牛爬爬

适合年龄： 4~5岁
活动目标： 1.通过各种爬行练习，让幼儿懂得四肢的正确用力方法。
2.发展幼儿四肢和各大小肌肉力量，增强动作的灵活性。
活动重点： 练习各种形式的爬行动作。
活动难点： 学习爬时四肢的正确用力方法。
活动准备： 自制拱门、软垫、平衡木、音乐、奖励贴卡、蜗牛背。

一、开始部分

幼儿随音乐活动四肢，使身体得到充分预热。

二、基本部分

1.软垫爬行。
让幼儿自由演示自己已经学会的爬行动作（教师引导幼儿进行手脚撑地爬）。
2.设置场景：在垫子两侧牵上离地高度不等的绳子障碍。
（1）引导幼儿必须将身体贴在垫上，才能从绳子底下爬过，并让幼儿试爬。
（2）依据幼儿试爬情况，示范爬行的要领，指导手脚的用力方法。
3.替换材料，创新爬行。
（1）引导幼儿利用平衡木练习爬的动作。
（2）启发幼儿创造性地爬行。
4.将软垫、平衡木、拱形门组合起来，在音乐伴奏下，教师和幼儿玩"蜗牛爬爬"的游戏。

三、结束部分

师幼放松活动，并分享所学本领和游戏中的快乐。

四、活动建议

1.小班可以进行手脚撑地爬，手膝着地爬。注意爬行姿势、力度，不要爬行太久。
2.中班增加匍匐爬，在不同高度的立体面上爬行，注意幼儿在立体面上爬行时的安全。
3.大班可以自由创造不同的爬行方法，进行不同平面、高度的爬行。

游戏 7　百变布棍

适合年龄： 4~5 岁
活动目标： 1.发挥幼儿创新思维，探索布棍的不同玩法。
　　　　　　2.通过游戏，发展幼儿的钻、跑、跳跃等能力。
活动重点： 探索布棍的不同玩法。
活动难点： 发展幼儿钻、爬、跳跃等能力。
活动准备： 自制布棍若干、音乐。

一、开始部分

幼儿手拿布棍作方向盘，开展小车进入活动场，并做热身运动。

二、基本部分

（一）创设情境

场景一：用布棍搭起山洞、一起钻山洞。
场景二：用布棍变成小河，让幼儿跳过小河。

（二）探索布棍的玩法

1.幼儿自由尝试、探索布棍的多种玩法。
2.分享与交流（培养幼儿的规则意识）。

（三）游戏活动

活动一：捉尾巴。
玩法：请 10 名幼儿扮演小动物，分别将布棍固定在幼儿腰上，再请 2 名幼儿任意寻找并捉尾巴，尾巴被取下的动物走出游戏场地，直到将尾巴捉完为止。
活动二：跳房子。
玩法：幼儿任意将布棍拼搭成各种形状的房子，幼儿在格子内练习双脚跳、单脚跳、跨跳等跳房子游戏。
活动三：创意搭建。
玩法：幼儿利用不同粗细、长短、颜色的布棍，任意拼搭成动物、植物、交通工具等，发展幼儿的创意思维能力。

三、结束部分

教师带领幼儿做放松肢体各部分的动作，收放好物品，活动结束。

四、活动建议

1.增加辅助材料，如红绿灯、平衡木等，幼儿多人合作玩开车闯关的游戏。

2.提供不同材质材料，鼓励幼儿合作拼摆不同的造型进行走、跑、跳等锻炼。

游戏 8　魔力水管

适合年龄： 4~6 岁
活动目标： 1.锻炼和发展单脚、双脚跳和敏捷钻爬等运动能力。
　　　　　　 2.促进幼儿在游戏中的创意思维和合作协商能力。
活动重点： 训练幼儿在游戏中单脚、双脚跳及钻爬。
活动难点： 幼儿的创意思维和合作游戏的能力。
活动准备： 自制 PVC 管系列玩具（用 PVC 管和弯头拼接、不干胶装饰）、魔术贴、橡皮筋、音乐。

一、导入活动

热身活动：请 3~6 名幼儿将幼儿橡皮筋套在小腿上，教师带领其他幼儿随音乐玩跳皮筋游戏。

二、基本活动

（一）初步探索 PVC 管的玩法

1.出示 PVC 管玩具，教师介绍管的特点，引导幼儿一人或多人动手动脑玩一玩，能玩出多少方法。

2.幼儿分享自己的玩法经验并进行示范，教师总结。如：跳房子、跨跳、穿越等游戏。

（二）游戏活动：PVC 管大挑战

游戏一：百变跳房子。

玩法：将 PVC 管方框玩具任意排放组合在平坦地面（有序摆放、交叉摆放、重叠摆放、集合图形摆放、直线摆放、曲线摆放等）。幼儿根据图形的变化，进行单脚跨跳、双脚立定跳、双脚左右分开跳等方法完成任务。

游戏二：穿越时空。

玩法：幼儿任意将两个或多个 PVC 管方框用魔术贴固定，形成穿梭门框，并任意摆放成不同的造型。幼儿排队一个接一个穿过门框，头和手不能碰到门框。可同时从一个方向穿行，也可从左右穿行，最先穿过所有门框者获胜。

游戏三：迷宫探秘。

玩法：幼儿任意将PVC管方框用魔术贴固定，摆放成迷宫，并在迷宫内设置跨栏、城堡等场景。幼儿跳跃过迷宫，跨跳过障碍，爬行过城堡，最先跳出迷宫者获胜。

三、结束活动

师幼共同整理材料，活动结束。

四、活动建议

1.小班可将PVC管方框平铺于地面，引导幼儿走格子、在格子内快速找朋友。

2.中大班可将方框进行立体搭建，并与其他运动材料组合，增加难度，进行跨、跳、钻等方面的游戏。

游戏9 快乐爬爬板

适合年龄：3~4岁
活动目标：1.探索爬爬板的简单玩法，学会一物多玩。
 2.练习双脚、手膝着地自然协调地向前爬。
活动重点：探索爬行的简单玩法。
活动难点：掌握爬的动作要领。
活动准备：废旧硬纸板、体操垫、红色和绿色布袋、其他材料。

一、开始部分

听音乐做热身活动：音乐起，幼儿随教师做热身运动：头、肩、腰、腿、膝、脚。

二、基本部分

（一）出示爬板（纸板、体操垫）

1.引导幼儿观察不同的板与垫子，鼓励幼儿自由探索板的玩法，体验创造性玩爬板的乐趣（幼儿自由探索，教师观察指导）。

2.请部分幼儿示范玩法，启发幼儿想出不同玩法并进行实地演示，让其他幼儿观察学习。

3.引导幼儿尝试爬板。

方法一：幼儿学习手膝着地爬，抬头，眼睛看着前方正爬。

方法二：身体侧身，利用一只手弯曲向前移动，一双脚用力蹬的侧爬方式。

（二）游戏活动

游戏一：快乐爬爬板。

1.介绍活动场景及具体玩法：活动场地分别设置了单张爬板、曲线爬板、几何图形爬板、小桥等。

2.引导幼儿用双手双膝着地爬过各种图形的爬板。不爬出线，顺利到达终点者获胜。鼓励幼儿一个接着一个有序地爬过体操垫拼接而成的小桥。

游戏二：运粮食。

1.介绍游戏玩法：幼儿手膝着地，练习正爬。

2.幼儿5个一组，分别背上红色、绿色布袋（带内装有其他软质玩具），手膝着地，爬过草地、小桥、山坡、拱门等，将粮食送到相应颜色的粮仓，先到达终点者获胜。

3.交流、小结。

三、结束活动

师幼随音乐做放松活动（鼓励幼儿相互拍拍手臂、膝盖，捏捏背等）。

四、活动建议

可利用爬板尝试倒着爬、横着爬游戏，可将板平放在地上，增加难度，拼出各种曲线、弧形、三角形、长方形等玩图形接龙跳游戏。

游戏 10　垫子变变

适合年龄：5~6岁
活动目标：1.能积极探索垫子的不同摆放方式及玩法。
　　　　　　2.学会与同伴合作进行游戏，能遵守游戏规则。
活动重点：探索垫子的不同摆放方式及玩法。
活动难点：学会与同伴合作进行游戏。
活动准备：红色、黄色、蓝色不干胶圆片、运动垫子、音乐、布娃娃若干。

一、开始部分

热身活动（师幼共同练习走、跑、跳等热身活动）。

二、基本部分

（一）探索垫子的玩法

玩法一：玩平铺的垫子。
幼儿试玩：每人抬一张垫子，举高，放下，怎样让垫子转起来？
玩法二：玩竖放的垫子。
将垫子竖起来，当垫子要倒下来时，幼儿可以跑、可以爬着躲开倒下来的垫子。
玩法三：玩叠放的垫子。
幼儿探索并以自己喜欢的方式爬过垫子。游戏时可随时调整垫子的高度。

（二）游戏活动：垫子运娃娃

玩法：幼儿6人一组，两组比赛，从起点抬着垫子运送贴着红、黄、蓝色圆片的娃娃到终点贴有相应颜色的家，每一次只能运一个娃娃，把娃娃全部运送到终点为胜。

三、结束部分

师幼一起坐在垫子上随着优美的音乐做身体放松运动。

四、活动建议

1. 自制各种规格的垫子，小班可以用垫子玩走、跑、跳等游戏；可引导幼儿一起编垫子律动模仿操。
2. 中班可以尝试用身体的不同部位探索布垫的不同方法：如玩滚、堆高、跳、夹、抛、蹦等游戏。
3. 大班可组织幼儿合作游戏，利用各种规格的垫子及其他材料进行创意搭建活动。

游戏 11　圈网趣多多

适合年龄：3~4 岁
活动目标：1. 对圈网感兴趣，尝试圈网的多种玩法。
　　　　　　2. 在游戏中发展幼儿跑、跨、平衡的技能。
活动重点：尝试圈网的多种玩法。
活动难点：发展跑、跨、平衡的技能。
活动准备：自制圈网若干、音乐、场景布置（小路、跨栏、平衡木关卡等）。

一、开始部分

师幼随音乐共同做热身运动。

二、基本部分

1.出示圈网，激发幼儿兴趣。

引导幼儿观察圈网形状及特征。（启发：圆圆的圈网像什么？生活中哪里有圆圆的东西？）

2.探索圈网的玩法：幼儿自主感受不同的玩法，并探索新的玩法，幼儿交流、分享。

3.小结：圈网可做方向盘旋转，可顶在头上，可在地上滚，一边走一边滚，可托运东西，可铺在地上跨跳等。

三、情景游戏：闯关大冒险

1.介绍游戏玩法、活动规则、安全要求。

2.幼儿游戏：幼儿5人一组，用圈网做方向盘旋转跑完小路，然后顶在头上跨栏，最后双手平抬圈网托运东西走过平衡木，再经过关卡到达终点，顺利完成者为胜。

四、结束部分

组织幼儿跟音乐做放松运动，并结束活动。

五、活动建议

1.小班将圈网摆出弯曲小路，进行曲线走游戏。

2.中班可将圈网放在地上拼接起来，做青蛙跳荷叶游戏；可组织幼儿用圈网运物品游戏。

3.大班可将圈网在地上拼长条，圈与圈之间增加距离，引导幼儿进行连续跨跳和连续双脚跳，也可用圈网玩抛接游戏。

游戏 12 巧玩纸棒

适合年龄：4~6 岁
活动目标：1.引导幼儿利用纸棒练习走、跨、跳训练，培养规则意识。
2.激发幼儿利用废旧物品制作游戏材料的兴趣。
活动重点：引导幼儿用纸棒玩各种游戏。
活动难点：练习自然地走、跨、跳技能。
活动准备：自制彩色纸棒若干（长、短）、报纸球、音乐。

一、开始部分

热身活动（带领幼儿随音乐有节奏地做模仿操，活动身体）。

二、基本部分

（一）玩纸棒（引出纸棒，让幼儿和纸棒游戏）

1.认识纸棒。让幼儿从纸棒的长短、颜色等方面进行观察，激发幼儿兴趣，同时让幼儿知道废物二次利用的价值。

2.纸棒大探索。

玩法一：引导幼儿把纸棒拼成小河，幼儿做反复跨跳游戏。

玩法二：引导幼儿把纸棒接成方格子，幼儿做反复跳跃游戏。

玩法三：用纸棒赶着纸球冲向终点。

（二）游戏活动：纸棒变变变

1.教师示范玩法：引导幼儿从起点走、跨、跳到达终点，并遵守游戏规则。

2.幼儿体验游戏：幼儿4人一组从起点开始，走过纸棒小道，连续跳跨过纸棒小河，爬过小山坡，用纸棒赶着小纸球到达终点（先到达终点者获胜）。

3.幼儿交流与分享活动。

三、结束部分

听音乐做放松活动，活动结束。

四、活动建议

1.小班幼儿可把纸棒拼成一条窄的小路，教师引导幼儿一起自然地走。教师可协助幼儿摆放简单的形状（如楼梯、小河）进行走、跑、跳练习。

2.中班幼儿可和同伴合作，拼成各种形状来进行走、跑、跳、钻的练习。

3.大班幼儿比赛、竞争意识增强，可选择远距离跳远，设计较复杂的情景游戏，用比赛的形式进行。

游戏 13　瑜伽垫变形记

适合年龄：4~6 岁

活动目标：1.发展幼儿跳、钻、躲避等多种动作技能，促进动作的协调性。

2.通过对材料的一物多玩，体验合作游戏的乐趣。

活动重点： 幼儿在游戏中的跳、钻、躲避等动作练习。
活动难点： 探究游戏中的多样性玩法。
活动准备： 自制瑜伽垫系列玩具（小脚印、格子房、人体造型兔、打地鼠）、音乐。

一、开始部分

热身活动：师幼随音乐做小动物模仿操。

二、基本活动

（一）幼儿自由探索瑜伽垫系列玩具

1. 出示瑜伽垫系列玩具，引导幼儿根据瑜伽垫的特点以及不同造型多人合作探索其多种玩法，体验创造性玩瑜伽垫的乐趣。幼儿自由探索，教师观察指导。

2. 请部分幼儿示范玩法，启发幼儿想出不同玩法并进行实地演示，让其他幼儿观察学习。

（二）合作游戏：瑜伽垫变形记

游戏一：跨跳小飞人。

玩法：幼儿依次排队，听信号根据瑜伽垫上镂空图案进行游戏。跳过瑜伽垫镂空小脚印，爬行过瑜伽垫小路，单脚、双脚跳过格子房，跨过障碍到达终点。

游戏二：快乐打地鼠。

玩法：5个幼儿一组钻在瑜伽垫地鼠洞下面，两名打地鼠的人在每个地鼠洞门边都放上食品。地鼠不断从洞里伸出头来偷粮食，打地鼠的人快速用泡沫锤敲打地鼠，地鼠躲避泡沫锤。被锤打中的地鼠就马上爬出地鼠洞，换一名幼儿爬进洞里接着游戏。

游戏三：投投乐。

玩法：幼儿分成两组，听信号开始游戏。从起点出发，助跑过一段小路，按照瑜伽垫上的镂空人体造型图案钻过去，把报纸小球投进瑜伽垫球洞，投进球多者获胜。

三、结束活动

师幼共同做放松活动，活动结束。

四、活动建议

1. 小班可组织幼儿在瑜伽垫上爬行和自由翻滚游戏。
2. 中大班可组织幼儿制作瑜伽垫玩滚滚乐、爬爬圈、开过车等钻爬游戏。

游戏 14　平衡挑挑

适合年龄： 4~5 岁
活动目标： 1.能在游戏中完成有障碍的挑水行进动作，并保持身体平衡。
　　　　　　 2.能独自或与同伴合作完成挑水的活动。
活动重点： 能独自或与同伴合作完成挑水的动作。
活动难点： 能在障碍活动中保持挑水的身体平衡。
活动准备： 自制竹水桶、食用油瓶水桶、木棍、平衡木、小椅子、挑水图卡。

一、导入活动

1.幼儿观察挑水的场景图片，引导幼儿自由交流。
2.师幼一起听音乐做热身运动。

二、基本活动

（一）挑水练习活动

1.出示自制挑水桶，引导幼儿了解其特征。
2.教师示范挑水：水桶装满水后，将水桶的绳子绕到木棍的两端，把木棍的最中间平着放到肩上，担起来，双手握着水桶的绳，注意保持两个水桶的平衡。
3.幼儿反复练习，大胆尝试使用挑水工具挑水。

（二）探索活动：挑水游戏

游戏一：挑水过桥。
1.布置场景：障碍物设置、平衡木小桥。
2.幼儿挑水练习，教师指导并提醒幼儿水是很宝贵的资源，不能把水弄洒了。
玩法：幼儿挑水走过一条小路，再走过平衡小桥，把水挑到老奶奶的家。
游戏二：挑水接力赛。
1.介绍游戏玩法。
2.引导幼儿合作挑水比赛。
玩法：两组幼儿同时挑水从起点出发，绕过障碍物，将水桶传给第 2 名幼儿，第 2 名幼儿挑水走过小路，再把水桶传给第 3 名幼儿，第 3 名幼儿将水送到终点，先到达终点者获胜。提醒幼儿游戏中注意安全。

四、结束活动

幼儿随音乐做放松活动，活动自然结束。

五、活动建议

1.增添小漏斗，可以在不浪费水的同时加快幼儿装水的速度。
2.将挑水游戏与抬水游戏相结合，增加游戏难度。

游戏 15　玩转跳绳

适合年龄：5~6 岁
活动目标：1.引导幼儿探索绳的各种玩法，体验玩跳绳的乐趣。
　　　　　　2.通过玩绳，发展幼儿的平衡、协调能力。
活动重点：引导幼儿探索绳的各种玩法。
活动难点：发展幼儿的平衡、协调能力。
活动准备：自制布绳、草绳等绳若干、音乐、场地布置。

一、开始部分

1.谈话活动，激发幼儿兴趣。
2.师幼一起听音乐做热身活动。

二、基本部分

1.幼儿自由探索绳子的玩法。
玩法一：练习双脚或单脚跳过独木桥。
玩法二：将绳摆成窄窄的桥，练习平衡走。
玩法三：幼儿将绳的一端扎进裤子后腰，另一端拖在地上，其他幼儿追逐捉尾巴。
2.幼儿分享自己的创新玩法，并进行示范。
3.游戏活动：玩转跳绳。
玩法：幼儿爬过绳子小路，双脚跳过曲线绳子小路，在原地自跳绳 3 个，再单脚双脚交替跳过绳格子（可多名幼儿同时进行）。

三、结束部分

1.幼儿自由分享玩绳子的乐趣。
2.听音乐做放松活动。

四、活动建议

1.可组织中班幼儿练习跳绳，从跳一个开始逐步增加。教师可以和孩子练习两人跳，由老师甩绳，和孩子配合跳。

2.大班幼儿练习跳绳的各种方法：单脚跳、双人跳、跳大绳等；可开展竞赛类游戏，还能用绳拼摆各种路线、障碍等进行比赛。

游戏 16　投投箱

适合年龄：4~6 岁
活动目标：1.学习用力挥臂投掷的动作，促进上肢肌肉的发展。
　　　　　　2.尝试投准小动物。
活动重点：学习挥臂投掷的动作。
活动难点：尝试投准小动物。
活动准备：自制纸球、大嘴动物箱子、篮子、音乐等。

一、开始部分

教师与幼儿一起做热身活动。

二、基本部分

（一）探索纸球的玩法

1.幼儿自由探索纸球的玩法，教师巡回指导。

活动提示：幼儿两两一组玩抛接纸球游戏，可用泡沫垫抬着纸球玩运球游戏，可玩纸球投掷游戏等。

2.小结纸球的玩法。

幼儿交流纸球的玩法，并大胆表述自己玩纸球时的要点。

3.学习纸球投掷的方法，教师分解动作讲解并示范。

（二）幼儿游戏活动

游戏一：投投箱。

1.讲解游戏规则。

游戏规则：每名幼儿每次只能投一个纸球，投完后迅速回到队尾。

2.游戏玩法。

幼儿分成人数相等的六队，分别站在投掷线后。游戏开始，教师发出信号"1、2、3"，幼儿拿起纸球，向"大嘴动物箱子"投去，再从旁边跑到队尾。依次进行，以投进"动物箱子"内的球多者为胜。

游戏二：跑跳投球。

玩法：幼儿两人一组边跑边向侧面的篮子投球 5 个，绕过障碍，再向头上悬挂的透明雨伞内投球 5 个，投进球多者获胜。

三、结束部分

教师与幼儿随音乐做放松活动。

四、活动建议

1.可根据中班幼儿年龄以及能力调整投掷的距离。

2.大班增加游戏难度，利用平衡木、纸棍等其他辅助材料进行过障碍完成任务的挑战游戏（如赶小球）。

游戏 17　好玩的纸球

适合年龄： 5~6 岁
活动目标： 1.探索纸球的多种玩法。
　　　　　　2.乐意操作，体验合作游戏的乐趣。
活动重点： 探索出纸球的多种玩法。
活动难点： 培养幼儿游戏中的合作能力。
活动准备： 自制纸球若干、纸棒若干、泡沫垫、音乐。

一、开始部分

播放音乐，教师带领幼儿活动身体各个部位，重点活动上肢。

二、基本部分

（一）探索纸球的玩法

1.谈话活动，激发幼儿玩球的兴趣。

2.幼儿自由玩球，教师观察后请个别幼儿向大家示范，创造出的新玩法，大家一起玩一玩。

（二）幼儿游戏活动

游戏一：运球。

玩法：幼儿两人一组，多组同时进行。幼儿用泡沫垫运纸球，绕过障碍到达终点；可两名幼儿背靠背夹球运到终点，先到组获胜。

游戏二：赶小球。

玩法：多名幼儿用纸棍赶着纸球沿线向前到达终点，先到者获胜。

游戏三：抛球。

玩法：幼儿对应玩抛接球，也可玩抛高游戏，在规定的时间内抛接的球数量最多者获胜。

三、结束部分

播放音乐，教师带领幼儿做肢体放松动作，幼儿将纸球整理好，活动结束。

四、活动建议

将纸球装进网内、悬挂在头顶上方，并按高矮顺序悬挂，幼儿跳跃拍球；也可将运球、抛球、投球等游戏综合玩竞赛游戏。

游戏18　五彩纸棒

适合年龄： 4~6岁
活动目标： 1.探索纸棒的不同玩法，培养幼儿创新意识与合作意识。
　　　　　　 2.在游戏中培养幼儿助跑、跨、跳、创意搭建等能力。
活动重点： 探索纸棒的不同玩法。
活动难点： 能与同伴合作、创新游戏的玩法。
活动准备： 制作纸棒若干、篮子、音乐。

一、开始部分

热身运动：播放音乐，幼儿手持纸棒模仿各种动作做运动，活动身体各部分。（如举一举呀，走一走；蹲一蹲呀，放一放；跳过去，放一放；跳过去，荡呀荡；摇小船，摇一摇呀，真快乐）。

二、基本部分

（一）探索玩纸棒的不同方法

1.自由玩纸棒，初次探索不同玩法。

启发式提问：纸棒除了可以做棒操外，你还能想到哪些不同的玩法？请你用一根纸棒或多根纸棒玩一玩。

2.幼儿分享纸棒玩法。

幼儿分享：请幼儿介绍并演示自己的玩法，幼儿现场介绍并演示玩法，让其他幼儿学一学（教师从运动方面进行评价）。

3.引导幼儿用纸棒练习拼搭（教师从创意、安全等方面评价）。

（二）深入探索，合作游戏

游戏一：跳跃小能手。

游戏玩法：幼儿跑步到达房子边，单双脚交替跳房子，把地上的纸棒快速放到篮子里，再运到指定地点进行拼搭。教师可巡回指导、观察，把跑、跳、拼等融入游戏中。

游戏二：跨越小河。

游戏玩法：幼儿跑步到达小河边，连续跨过两条小河，绕障碍返回，再跨跳过小河，跑回起点。教师指导，重点强调来回的路上都要助跑跨跳的方法。

三、结束部分

听音乐做放松、整理活动。

四、活动建议

1.根据幼儿实际水平设计游戏的难度；小班幼儿可以在老师的引导下探索多种玩法。
2.中大班增加合作、探索、情境创设等内容进行游戏。

游戏 19 投球小能手

适合年龄：4~5 岁
活动目标：1.能瞄准板子投球，训练幼儿手臂力量以及投掷的准确度。
　　　　　2.学会合作体验投球游戏的乐趣。
活动重难点：能瞄准板子投球。
活动准备：自制投球板、投球架、粘粑球。

一、开始部分

热身运动：听音乐活动四肢，重点活动手部。

二、基本部分

（一）探究部分

1.探索粘粑球的玩法。
出示材料，幼儿自由探索玩法。音乐结束，幼儿探索结束。

2.相互交流，轮流学习。

引导幼儿分享自己的玩法，大家相互尝试不同的玩法。

(二) 游戏部分

游戏一：架子上的秘密。

游戏规则及玩法：

将幼儿分成相同数的两组，玩接龙投球游戏。幼儿站在红线外将球投进架子上的洞里，每人限投 3 个，下一名幼儿接着投，在规定的时间内，进球多的一组获胜。

游戏二：有趣的投球板。

游戏规则及玩法：

幼儿自由组合，玩投球游戏（一人投，一人接），投的人要站在椅子的后面，接的人也站在椅子后面，板子举高，离自己的脸远一些。

教师要根据幼儿投掷的情况随时调整距离。

三、结束部分

听音乐放松四肢，活动自然结束。

四、活动建议

1.小班幼儿在规定的范围内短距离投球。

2.中大班幼儿可单独抛接粘粑球，也可让部分幼儿穿上投球衣服快速跑步，部分幼儿追逐，向幼儿的球衣上投球。

游戏 20　趣味钻爬网

适合年龄：4~6 岁
活动目标：1.通过游戏，提高幼儿钻和爬的能力。
　　　　　　2.在游戏的过程中，体验与同伴合作游戏的快乐。
活动重点：在活动中练习钻和爬的能力。
活动难点：幼儿在活动中的合作能力。
活动准备：自制广告条钻爬网，交通标识图卡、小猫头饰、小老鼠头饰、沙包。

一、开始部分

师幼共同随音乐热身活动，活动身体上肢、手腕和脚腕、下蹲后跳起等。

二、基本部分

（一）幼儿探索活动，初步体验钻爬的乐趣

1. 引导幼儿自由探索各种钻爬的动作并进行交流。
2. 学儿歌：小花猫，本领大，小老鼠，最怕它，喵喵喵，喵喵喵，今天要把老鼠抓。

（二）游戏大体验

游戏一：迷宫交通网。

玩法：在钻网的每一个门洞上贴上不同的交通标识，多名幼儿同时自由钻网，如发现门洞上有"直行"标识时，幼儿就继续爬行；当门洞上有"转弯"标识时，幼儿则转弯爬向另一个门洞等。

游戏二：猫捉老鼠。

1. 游戏规则。

请5名幼儿戴上头饰扮成小猫站在广告条钻网内，另请多名幼儿戴上老鼠头饰，站在钻网外，请其余幼儿手拉手围成一个大圆圈。猫只能捉钻进钻网内的老鼠，老鼠被拍到就算捉住，老鼠每次只能偷一个沙包。

2. 游戏玩法。

全体幼儿边念儿歌边做动作，念完最后一句时，老鼠要设法钻进钻爬网内偷粮食，偷到的粮食放在鼠洞里，猫要看守粮食，并追捉老鼠，被捉到的老鼠站在场地一端，捉到一定数量的老鼠后，游戏结束。

3. 小结：鼓励姿势正确、钻得迅速、跑得灵活的幼儿。

三、结束部分

师幼边念儿歌边做放松运动，并整理活动场所。

四、活动建议

1. 小班幼儿能连续完成钻爬任务。
2. 中大班幼儿可玩钻爬接龙游戏，可玩棋类钻爬游戏，在每一个门洞上贴上相应的标记，引导幼儿看标记完成游戏任务。

游戏 21　创意小推车

适合年龄：5~6岁
活动目标：1. 尝试协作推小车的多种玩法，激发幼儿的创造性和想象力。
　　　　　　2. 培养幼儿合作意识，体验与同伴协作游戏的快乐。

活动重点：尝试协作推小车的多种玩法。
活动难点：培养幼儿合作游戏的能力。
活动准备：自制指示图卡、独轮车、游戏音乐。

一、开始部分

师幼随音乐共同热身活动。

二、基本部分

（一）快乐体验，集体练习

1. 导入活动，示范讲解。
教师示范推车，谈话导入，启发幼儿用身体创意组合，玩小推车游戏。
2. 探索玩推车的方法。
方法一：一人推车法，一名幼儿紧握手柄向前推。
方法二：一名幼儿拉着推车向前走。
方法三：两名幼儿合作推车或拉车（模仿小推车，创意玩法）。
方法四：三人推车法：请一名幼儿双手着地，另请两名幼儿分别握其左脚腕和右脚腕，成"小推车"状前行。

（二）难度练习，合作比赛

游戏一：运送小动物回家。
玩法：设置游戏场景，加入游戏图卡（如转弯、斜坡等），全体幼儿组成四个"小车队"，将小动物运送到指定地点，运送小动物最多的一组为胜。
游戏二：推小车比赛。
玩法：将幼儿分成四小组，两两结伴游戏，要求用两人拉车、推车的方法游戏。其中一名幼儿扮小推车，另一名幼儿推车，将小车从起点推到终点，看看哪一组小车推得又快又稳。比赛中，教师可适当指导。

三、结束部分

师幼一起随音乐做放松活动，活动自然结束。

四、活动建议

1. 中班可组织幼儿分几组同时进行游戏，注意掌握推车的平衡，观察成功幼儿的方法。
2. 大班幼儿可将几种推车玩法组合情景游戏，也可玩推车接力赛游戏。

游戏 22　巧玩拼板

适合年龄：4~5 岁
活动目标：1.探索并感受拼板的不同玩法，萌发创新意识。
　　　　　　2.勇于接受挑战，并体验游戏活动的乐趣。
活动重点：探索拼板的不同玩法。
活动难点：合作游戏，勇于接受挑战。
活动准备：自制拼板若干、幼儿身体颜色标记、场地颜色标记、音乐。

一、开始部分

1.幼儿跟着老师随音乐做动作（如头顶、左右侧身、膝盖顶拼板、举在胸前走等），并简单交流自己的玩法。

2.幼儿分散玩拼版（拼板变成什么？）。

二、基本部分

（一）讨论拼板的不同玩法

游戏一：头顶拼板。
玩法：将拼板顶在头上，看谁坚持的时间长，看谁走得稳，而拼板不掉下来。
游戏二：拖地板。
玩法：幼儿每人一块拼板，双手趴在拼板上推着拼板走，看谁推得快。
游戏三：小马跑得快。
玩法：幼儿用拼板夹在两腿间，当马儿骑着走，看谁跑得快。
游戏四：跳过拼板。
玩法：将拼板自由拼摆，幼儿随教师口令，玩轻轻跳、双脚并拢跳、单脚跳等，并且轻轻落地、不碰板。

三、结束部分

幼儿坐在拼板上随音乐做放松活动。

四、活动建议

1.小班幼儿可以利用拼板做蹦蹦床、跳过拼板等游戏。
2.中大班幼儿可玩拼版接龙跳，可结合交通游戏玩拼板。教师可根据本班幼儿的情况，适当调整游戏难度。

游戏 23　小水桶的乐趣

适合年龄： 5~6 岁
活动目标： 1.通过探索小水桶的多种玩法，训练幼儿平衡、跨跳的基本动作。
　　　　　　 2.培养幼儿对游戏活动的兴趣。
活动重点： 探索小水桶的多种玩法。
活动难点： 训练幼儿平衡、跨跳等基本动作。
活动准备： 自制水桶若干（竹筒水桶、油桶水桶）、篮子、独木桥、音乐。

一、开始部分

师幼跟着音乐活动上肢、下肢、脚踝关节、膝关节等部位。

二、基本部分

1.出示自制小水桶引导幼儿观察小水桶可以用来做什么。
2.鼓励幼儿尝试游戏，引导幼儿用小水桶创造出不同的玩法，师幼共同总结游戏。
3.挑水游戏。
游戏一：给奶奶送水。
玩法：幼儿挑着竹水桶或油水桶向前走，绕过障碍，走上独木桥，将水挑到奶奶家。
游戏二：小马跑得快。
玩法：幼儿扮作小马，分成两组，跨过小水桶搭成的跨栏，跑到终点提起篮子后再跑回到起点，与下一位幼儿击掌后继续，先跑完的一组获胜。

三、结束部分

师幼随音乐做放松运动，活动自然结束。

四、活动建议

1.小班幼儿可用小水桶练习钻爬游戏。
2.中班可通过挑水练习平衡和力量，或两人共同玩抬水游戏。
3.大班可以把水桶放在地上，扁担放在水桶上练习跨栏跑，也可增加挑水难度。

游戏 24　勇敢的运输员

适合年龄： 5~6 岁
活动目标： 1.锻炼幼儿在独木桥上快速运动的平衡能力，掌握其动作要领。
　　　　　　2.培养幼儿大胆勇敢、互相合作的精神。
活动重点： 幼儿抬着物品走平衡木的动作要领。
活动难点： 培养幼儿大胆勇敢、互相合作的精神.
活动准备： 自制网兜、轮胎、平衡木、各种塑料玩具、音乐。

一、导入活动

1.由谈话引出主题，激发兴趣：在河的对岸住着一位老奶奶，老师扮队长，小朋友做运输员，一定要出色地把物品运到河对面的老奶奶家中。

2.准备活动（跟随音乐做热身运动）。

二、基本活动

（一）引导幼儿熟悉活动场地

1.幼儿练习走独木桥。引导幼儿在独木桥上走走，玩玩，根据自己的体验说一说，走在独木桥的哪里更安全？

2.幼儿再次尝试，并进行分享。请幼儿两人一组，后一个队员把手搭在前一个队员的肩上，再次走一走、试一试，然后进行分享。

（二）尝试合作，增加趣味性

1.出示网兜：请幼儿两人一组找到好朋友，抬着网兜在独木桥上走。想想怎么才能互相合作抬着网兜又快又稳地过独木桥。鼓励幼儿不断尝试。

2.幼儿交流，小结。眼睛看好路，两人要互相合作，前面的人慢一些，两个人步伐要一致。

3.幼儿反复练习。

（三）游戏活动：勇敢的运输员

1.介绍玩法。

幼儿两人一组，一组接一组依次进行。幼儿听信号出发，两名幼儿抬着网兜走过独木桥（平衡木与轮胎组合），跨过障碍（玩具设置），把物品（塑料玩具）送到终点。提示幼儿要注意安全，千万别把物品摔在地上。

2.幼儿游戏，教师观察，并做好安全防护。

3.小结，表扬合作较好，不怕困难的小组。

三、结束活动

随音乐做放松运动。

四、活动建议

变换游戏环境，设置难度，如抬着物品爬斜坡、走曲线等，提高幼儿的抬物技能。

游戏 25　乐乐跳箱

适合年龄： 4~6 岁
活动目标： 1.探究小纸箱的多种创意玩法。
　　　　　　2.通过玩跳箱游戏，发展幼儿的合作能力。
活动重点： 探究跳箱的各种玩法。
活动难点： 发展幼儿的合作能力。
活动准备： 废旧纸箱、小草，自制大树。

一、开始部分

师幼一起听音乐做快乐热身操。

二、基本部分

（一）启发幼儿玩跳箱

1.幼儿每人一个纸箱，引导幼儿尝试各种玩法，教师观察幼儿活动情况。（纸箱有许多种玩法，请和好伙伴一起玩一玩，然后和大家分享，一会儿告诉大家你的玩法）。

2.鼓励幼儿大胆介绍自己的玩法。

3.幼儿合作游戏。

引导多名幼儿利用多个纸箱一起玩一玩，看看有什么不同的玩法，并请幼儿大胆介绍自己的不同玩法。（一个纸箱怎么玩、多个纸箱怎么玩等）。

（二）游戏活动：探险

1.场景布置。

幼儿和教师一起在活动场地用纸箱和其他的材料一起布置场景，如横向摆放、纵向摆放、立放、叠放、拱形等。

2.介绍游戏玩法。

（1）向幼儿介绍探险的具体玩法，并介绍每一关通过的要领。（在探险过程中，结合跑、跳、跨、爬等技能）。

（2）幼儿分成人数相同的两组，一起进行探险游戏。

3.分享与交流。

三、结束部分

1.结合体能循环，引导幼儿继续探索跳纸箱的游戏。
2.活动结束。

四、活动建议

1.可制作各种图卡，如各种人物图片，各种动物头像，各种建筑物、蔬菜、水果卡片等。引导幼儿根据自己游戏的需要，贴上相应的图卡开展活动。

2.可以将活动与故事情景相结合，开展情景讲述，让幼儿对游戏更有兴趣。

游戏 26 报纸小河

适合年龄： 5~6 岁
活动目标： 1.探索报纸小河的多种玩法。
　　　　　　2.在游戏中学习助跑、跨、跳、钻爬等基本动作。
活动重点： 练习走、跑、跳、钻爬等基本动作。
活动难点： 利用材料探索助跑跨跳的动作。
活动准备： 自制报纸条小河、小熊图卡、拱门、篮子、音乐。

一、导入活动

放音乐和幼儿一起做热身运动。

二、基本活动

（一）幼儿探索活动

1.让幼儿自由练习双脚跳、单脚跳等各种跳跃动作。
2.幼儿交流：在跳跃时，小河宽窄对跳跃的影响及自己是用什么方法跳过小河的。

（二）游戏活动

游戏一：报纸小河。
玩法：将报纸用胶布拼成长条，拼摆在平坦的地面上，从窄到宽一条条有序排放，幼儿练习单脚跨跳过较窄小河，再双脚跳过较宽小河，坚持跳完小河者获胜。

游戏二：小熊过河。

玩法：幼儿跑过小路，单脚连续跳过两条较窄小河后，再爬过报纸曲线小路，钻过拱门，然后双脚连续跳过较宽小河，走过小桥，将小熊送回家。

三、结束活动

师幼随音乐做放松游戏，活动结束。

四、活动建议

1.小班幼儿可练习在报纸上做直线、曲线等多种爬行动作。
2.中大班幼儿可增加游戏难度，将助跑、跳、跨融入游戏中，练习在纸上游戏。

游戏27　铝箔扭扭管

适合年龄： 4~6岁
活动目标： 1.根据铝箔管易于伸缩、弯曲的特性，探索多种玩法。
　　　　　2.训练幼儿钻、爬、滚、推、投等各种技能，发展幼儿身体协调性。
　　　　　3.发挥幼儿自主性和创造性，培养团结合作的精神。
活动重点： 体验钻、爬、滚、推、拉、投、跨等各种肢体运动。
活动难点： 幼儿合作完成任务的能力。
活动准备： 废旧铝箔管（大小、长短不同规格）、魔术贴、纸球、运动软垫、音乐。

一、开始部分

师幼共同随音乐做热身运动。

二、基本部分

（一）出示各种规格的铝箔管

1.引导幼儿自主探索，教师做好观察与记录。
2.幼儿相互交流，分享自己的探索经验。

（二）游戏活动

游戏一：小火车开起来。

玩法：幼儿将"百变扭扭管"套在身上，当成"车厢"连接起来，玩开小火车的游戏。小火车从起点出发，慢慢开上木桥，开过障碍物车道，到达终点，游戏反复进行。

游戏二：小刺猬背果子

玩法：在"百变扭扭管"上缠绕魔术贴，在软垫上撒放许多绒球。多名幼儿同时游戏，横躺在扭扭管内，变成"小刺猬"，然后在铺满小绒球的软垫上左右翻滚，让管身粘附上许多绒球"果子"，然后再将"果子"背回家，背的果子多为胜。

游戏三：穿越隧道。

玩法：幼儿合作将"百变扭扭管"随意横放或者竖放在地面上，搭建出可供爬行穿越的隧道，教师可提供协助。幼儿在隧道内随意爬行，爬到竖管时站起来向前走，然后在小路上边爬边推动材料前进。

三、结束部分

师幼随音乐做放松活动。

四、活动建议

1.中班幼儿可将"百变扭扭管"压扁成圈状，四散摆放在地面，幼儿扮演"小兔"，用双脚或单脚跳圈。

2.大班幼儿将"百变扭扭管"用长尾夹固定成立体造型摆放在地上，幼儿可以踢球进洞，可以根据幼儿年龄选择管口直径不同的扭扭管，增加游戏难度。

游戏 28　瓶盖翻翻乐

适合年龄： 4~6 岁
活动目标： 1.通过游戏，提升幼儿模仿、记忆、智力等多种能力。
　　　　　　2.激发幼儿对活动的兴趣，促进规则意识的形成。
活动重点： 幼儿在游戏中的创造性思维。
活动难点： 培养幼儿互相合作的精神。
活动准备： 各种废旧瓶盖，拼图模板、音乐。

一、导入活动

谈话导入：引导幼儿结合自己的生活经验，谈谈瓶盖的形状特点，并充分发挥想象，找出瓶盖能玩哪些游戏。

二、基本活动

（一）初探瓶盖的玩法

1.出示瓶盖，引导幼儿自由探索瓶盖的玩法。谈话交流，幼儿分享游戏中玩瓶盖的经验。

2.幼儿再次探索瓶盖的方法，向幼儿介绍并示范瓶盖玩法，幼儿模仿同伴的方法进行练习。

（二）瓶盖游戏活动

1.图形游戏。

幼儿可根据玩法提示图，用瓶盖在正方形面板上拼出多种不同的图形，也可自由想象，创造性地设计各种图形。幼儿在轻松愉快的氛围中动手动脑，巩固了对形状和事物基本结构的认知。

2.翻翻乐游戏。

幼儿多人挑选瓶盖内侧贴有图案的红色瓶盖，将瓶盖盖在面板上。然后根据翻翻乐的规则进行游戏。即一次翻开两个瓶盖，如果翻开的瓶盖内图案相同，则瓶盖保持图案向上，如果图案不同，则必须翻回原状，直到全部图案被翻开为止。幼儿在翻瓶盖找图案的过程中锻炼记忆力。

3.五子棋游戏。

多名幼儿用瓶盖为棋子，在正方形面板上合作玩五子棋的游戏。在玩棋、学棋的过程中，可以激发中、大班幼儿对棋类游戏的兴趣，促进幼儿良好意志品质以及规则意识的形成。

三、结束活动

整理材料，活动自然结束。

四、活动建议

1.小班幼儿在规定的范围内看图卡进行拼图。

2.中大班幼儿可多人合作玩瓶盖垒高游戏，也可让幼儿在棋盘上进行交通游戏、数字游戏棋等活动。

游戏 29　小小推车手

适合年龄： 4~5 岁
活动目的： 1.通过游戏，学习平稳的推车方法。
　　　　　　2.培养幼儿团结合作的品质。
活动重点： 探索并学习正确的推车方法。
活动难点： 能用探索出的正确方法进行合作推车游戏。
活动准备： 自制司机挂饰、小树、音乐、小推车、积木等。

一、导入活动

幼儿随音乐开着小火车进入游戏场地，活动身体的各个部位。

二、基本活动

（一）活动任务

1.谈话交流，幼儿分享游戏中玩小推车的经历。

2.幼儿自由探索推小推车的方法，怎样才能让玩具稳稳当当地坐在车上而不掉下来？

3.请幼儿介绍并示范推小车（车上的玩具不会掉下来），幼儿模仿同伴的方法进行练习，学习正确的推车方法。

（二）游戏活动

活动一：运玩具。
玩法：幼儿独立将玩具送回活动室，掌握推车平衡，别让玩具掉下来。
活动二：给小猫送玩具。
玩法：从起点出发，幼儿一人佩戴司机挂饰扮演司机，多人推小车，绕过树林障碍，将玩具送到小猫家。
安全提示：前面种有许多小树，推车时要小心，不要碰到它。

三、结束活动

带领幼儿做放松活动，活动自然结束。

四、活动建议

1.增加运输材料，如自制的沙袋、布娃娃、小乌龟、小蜗牛等。

2.增加幼儿运输的次数，不断激发幼儿参加游戏的兴趣，达到锻炼的目的。

3.在设置运输的道路时，可以提供两条路：一条路是运物品的，一条路是回来的路，以便运物品的时候能有序进行，孩子们无效等待的时间会更少。

游戏 30　快乐粘耙球

适合年龄：4~6 岁
活动目标：1.练习投中移动的物体，训练幼儿手臂力量。
　　　　　　2.在活动中能与同伴合作游戏，体验合作的快乐。
活动重点：了解粘耙球的特性，能与同伴合作玩游戏。
活动难点：能投中移动的物体。
活动准备：自制动物头饰、爬行垫、粘耙球若干。

一、开始部分

热身运动，播放音乐，师幼共同活动身体各部位。

二、基本部分

1.出示粘耙球玩具，教师示范基本玩法，讲述安全注意事项。

2.幼儿与同伴练习，教师观察、指导幼儿玩粘耙球。

3.幼儿游戏活动。

游戏一：小螃蟹。

玩法：将幼儿分成两组，一组扮螃蟹（头戴螃蟹头饰，背部绑上粘板）从左边移动到右边；另一组站在距离 2 米的横线上，用小粘耙球向移动的小螃蟹身上的粘板上投掷，时间结束后，数一数小螃蟹被砸中几个球；交换进行，投中数量多的获胜。

游戏二：小乌龟。

玩法：将幼儿分成两组，一组扮演乌龟（头戴乌龟头饰，背部绑上粘板）从起点爬到终点；另一组站在距离爬垫 3 米左右的栏杆处向"河里"的乌龟投掷；交换进行，投中数量多的获胜。

三、结束部分

教师带领幼儿放松身体各部位，活动结束。

四、活动建议

1.小班幼儿可自抛自接玩,也可以将粘板制作成动物形状并固定好在某处,幼儿向粘板投掷。

2.将制作好的球形粘板挂在高低不同的位置,让幼儿向高处投掷小球,待小球都粘住后,幼儿可纵跳将小球取下来。

3.可自制一件小背心穿在一名幼儿身上,随意跑动,另一名幼儿拿着粘粑球追逐投球。

第四篇章

自制玩教具与体育活动案例

小班体育活动案例

一 快乐转圈圈

活动目标

1. 激发幼儿对玩圈的兴趣以及玩圈活动中的创造性。
2. 学习与同伴商量合作玩的方法。

活动准备

自制胡萝卜道具若干、小兔头饰、各色呼啦圈、音乐。

活动过程

一、开始部分

1. 热身运动：师幼手拿呼啦圈，听音乐做圈操。
2. 角色游戏：幼儿扮演小司机，手拿呼啦圈为方向盘，听音乐在场地四面自由地开车；教师扮演警察，用红灯停、黄灯预备、绿灯行的口令为信号，控制幼儿的身体动作。

二、基本部分

（一）幼儿自由探索圈的玩法

1. 引导幼儿想出多种玩圈的方法，并亲自尝试，教师巡回指导。
2. 教师仔细观察，邀请幼儿展示各种玩圈的方法（相互交流）。

（二）介绍常见的玩圈方法

跳圈：在圈里跳进跳出。

撑圈：幼儿右膝伸直，脚套在圈里分开撑住圈向前走，不能让脚上的圈掉下来，也不能用手帮忙拉着圈走。

带圈走：幼儿三四人一组，站在圈里，手拉手，用脚踏着圈向前快走。

转圈：幼儿用手转圈，使其原地旋转。

踏圈走：把圈竖起，两脚依次踏着圈的边缘，侧向移动双脚，使圈向前滚动。

套圈：从头套入脚下取出—从脚套入头上取出—从臀部套入四肢取出—从四肢套入臀部取出。

（三）合作游戏：转圈圈

活动一：将呼啦圈拼摆成各种图案，将幼儿分成若干小组逐个进行跳圈活动，单脚或双脚连续跳，左右脚交替跳，左右脚开合跳等。

活动二：用圈拼成小路，让幼儿用各种方法跳过小路到达目的地。（第一次去种胡萝卜，第二次给胡萝卜浇水，第三次拔胡萝卜）。

三、结束部分

师幼随音乐放松身体，活动结束。

二 小兔捉迷藏

活动目标

1.练习在一定范围内绕着障碍四散跑，培养幼儿动作的灵活性。
2.在合作中体验参与活动的乐趣。

活动准备

自制狐狸和兔妈妈头饰、呼啦圈、体育器械蘑菇、音乐。

活动过程

一、导入活动

1.师幼随音乐共同热身活动。
2.师生共同游戏：小兔跳跳。练习双脚跳跃、踮脚走等身体动作，发展身体协调能力和平衡能力。

踮脚走：幼儿踮起脚尖，张开双臂走过小路，发展幼儿平衡能力。

双脚跳跃：幼儿开始走小路，过小河。要求幼儿不推不挤，一个跟着一个走。（前面有条小河挡住了去路，河面上有石头，我们可以跳到石头上过河。兔宝宝可要小心了，别掉进河里去了）。

二、基本活动

活动一：捉迷藏。
1.设置活动场景（幼儿自由设置活动场景）。

2.讲解游戏规则及方法。

兔妈妈带着兔宝宝在森林里采蘑菇，一只狡猾的狐狸来了，它要抓小兔宝宝们做晚餐，兔妈妈带着兔宝宝们绕着蘑菇快乐地跑，当狡猾狐狸走来时，兔宝宝们快速蹲下来躲到蘑菇伞里，狐狸就抓不到小兔了。（提出要求：跑的时候不能跑到森林外面去，不能碰到蘑菇伞）。

活动二：聪明的小兔。

活动规则及方法：小兔踮脚走过一条小路，双脚跳过呼啦圈房子，跨过小河上的桥墩回到家，先到家者获胜。

3.分享与交流

三、结束活动

随音乐做放松活动。

三 纸筒滚滚乐

活动目标

1.激发幼儿的探索兴趣，培养幼儿跑、跳、爬、滚的能力。
2.能用纸筒变换多种玩法，扩展幼儿的思维能力。
3.喜欢参加体育运动，体验与同伴合作游戏的乐趣。

活动准备

废旧纸筒若干（彩色不干胶装饰）、运动垫、玩具筐、音乐。

活动过程

一、开始部分

自创模仿操：师幼一同随音乐做小动物模仿操热身活动。（我学小小兔，跳一跳；我学小花猫，喵喵喵；我学小小鸭，嘎嘎嘎；我学小小鸡，叽叽叽。）

二、基本部分

（一）初探纸筒的玩法

1.出示纸筒，引导幼儿单人玩一玩。（如放在眼睛前当望远镜，玩投掷游戏，将纸筒套在手上，放在地面上滚动等）。教师观察、适时引导幼儿想出和其他幼儿不同的玩法，教师小结幼儿的玩法。

2.幼儿小组合作探索纸筒的玩法。幼儿多人合作玩一玩，教师观察并适时指导，鼓励幼儿的创新玩法。

3.幼儿分享合作玩纸筒的方法。幼儿大胆分享玩纸筒的方法，教师进行小结。如把纸筒连在一起，围着纸筒跑；用两人的手臂运着纸筒走；用纸筒当小桥，还可以用纸筒垒高等。

（二）合作比赛：纸筒滚滚

1.介绍玩法。

将幼儿分成两组，听信号开始比赛。从起点出发，一个接一个围着纸筒慢跑过小路，爬过小河（运动垫两侧用纸筒围着），将纸筒滚到山坡下，然后把纸筒投进筐里。投进的纸筒最多的一组获胜。

2.介绍规则。

在运动垫上爬行时，双脚不能碰到垫子两边的纸筒，纸筒要直线滚动，中途停下的纸筒可以接着滚。

3.幼儿比赛活动。鼓励幼儿勇敢参与比赛，积极战胜困难，并做好安全防护。

三、结束部分

1.幼儿围成一个圆形，做拍腿、拍肩、挥手等放松运动。
2.放松、整理活动。

四　绳绳变小路

活动目标

1.探索沿绳子曲线快走的方法，发展幼儿的动作平衡性。
2.喜欢体育运动，体验合作游戏的快乐。

活动准备

自制小动物标志（森林，小河），布绳、麻绳、音乐。

活动过程

一、导入活动

随音乐热身，重点练习膝、踝关节的动作。

二、基本活动

（一）幼儿尝试在绳上走，体验与平时走路的不同

1.鼓励幼儿大胆尝试用不同绳子做的小路与我们生活中走的路的区别。

2.帮助幼儿归纳在绳上走的技能。

3.小结绳上走路的方法与经验。

（二）探索沿曲线快速走的方法

1.启发幼儿思考如何在绳子上走得又快又好？

2.幼儿探索方法，教师观察指导。

（三）集体游戏：穿越小路

1.介绍游戏玩法。

师幼用不同材质的绳设置小路，如直线小路、曲线小路、S线小路、圆形小路、方形小路等，幼儿随音乐由快至慢、由慢至快走完不同的小路。

2.设置游戏情境，结合各种绳子小路请幼儿尝试在长绳上搭肩走，看谁走得稳。

3.教师观察幼儿动作，及时指导。

三、结束活动

幼儿听音乐做放松活动。

五　巧玩报纸

活动目标

1.探索报纸的多种玩法。

2.学会踮着脚尖走路、跑步等技能，发展身体平衡性。

3.体验合作玩报纸带来的乐趣。

活动准备

废旧报纸若干、音乐。

活动过程

一、导入活动

1.每位幼儿发一张报纸，师幼坐在报纸上随音乐做热身活动。

2.探索报纸的玩法：教师提供大小、宽窄、长短不同规格的报纸，引导幼儿自由探索报纸的玩法。

二、基本活动

（一）游戏：报纸小路

1.用报纸铺路：踮脚尖走路，在报纸上练习小跑步。

全体幼儿把报纸放在地上，脚轻轻地踩上去，踮起脚尖，向前走（教师可以在走的时候故意走不稳，东倒西歪的）提问：踮着脚尖走走不稳，怎么办呢？（幼儿想办法）引导幼儿做出双手侧平举来帮助我们身体保持平衡，教师规范练习踮脚尖保持平衡走。

2.报纸铺路：引导幼儿把脚下的报纸拿起来一张接一张铺成两条小路，请幼儿踮起脚尖通过，看哪组通过的速度最快。

3.师幼评价并总结经验。

（二）游戏：我跟报纸做游戏

1.介绍活动规则，并做示范。

把报纸顶在头上，当听到一声口哨时，先把报纸轻轻地放在我们的头顶上，让我们的身体保持平衡，再踮起脚尖，向前走。向前行走时，当听到两声口哨时就停下来，双手捉住报纸，快速向前跑，绕过障碍物，跑回队伍后面，先完成活动任务者获胜。

2.幼儿合作游戏，教师巡回指导。鼓励幼儿大胆活动，并做好安全防范。

3.幼儿分享活动经验。教师表扬大胆、遵守规则的幼儿。

三、结束活动

1.评价幼儿活动。
2.放松活动。

六　方位变变

活动目标

1.培养幼儿听信号做相应动作的应变能力。
2.引导幼儿在愉快的游戏中感知上下、前后、里外等空间方位。
3.初步培养幼儿的探索尝试意识。

活动准备

自制小鸡标志、母鸡标志、方巾、铃鼓、音乐。

> 活动过程

一、导入活动

1.师幼随音乐热身活动。
2.教师围着方巾扮演鸡妈妈，带领幼儿在活动场任意追跑，玩老鹰捉小鸡游戏，以此训练幼儿的应变能力。

二、基本活动

（一）幼儿体验，感知方位

1.鼓励幼儿尝试变化方巾向上抛，体验乐趣。
2.幼儿之间交流：怎样才能把方巾变小？（把方巾团紧，把方巾变小就能抛得高）。
3.幼儿练习放"气球"。（教师引导幼儿观察，为什么有的"气球"高，有的"气球"低）。
4.引导幼儿根据讨论结果再次练习放"气球"。

（二）游戏：方巾变魔术

1.引导幼儿边听铃鼓声边练习跑步。鼓声快，就跑快，鼓声慢，就跑慢，鼓声一停，马上把方巾藏在身体的任何部位，最好不能让同伴找到。
2.幼儿游戏：教师根据游戏情况，请个别幼儿说说方巾藏在哪个方位？（藏在袖子里、口袋里、腰里、衣服里面等）。
3.引导幼儿相互交流经验（用什么办法可以把方巾变小？）。
4.再次游戏，鼓励幼儿积极探索、操作，想出与众不同的想法。
将活动道具分别藏到活动场所的不同方位，让幼儿去寻找，然后现场分享自己是在哪里找到的，请说出准确的方位词。

三、活动结束

放松运动：幼儿围成一个大圆坐下，听信号做放松活动。（双手举起来，摆一摆；双手放下了，摆一摆；双手向左边，转一转；双手向右边，转一转）。

七　勇敢的小鸡

> 活动目标

1.练习跨越、绕障碍跑的技能，发展幼儿身体动作的反应能力。

2.培养幼儿的合作能力。

活动准备

自制鸡妈妈头饰一个、老狼头饰一个、椅子四张、皮筋。

活动过程

一、开始部分

热身活动：教师带头饰扮演鸡妈妈，幼儿扮演小鸡，边念儿歌边做模仿动作。（小鸡小鸡叽叽叽，会找虫子会吃米，跑到东、跑到西，开开心心做游戏。）

二、基本部分

（一）引导幼儿初步探索"跨"的动作

1.情景游戏：小鸡寻食。（鸡妈妈带领小鸡到花园里去寻食，花园周围用栏杆围着。引导幼儿用自己喜欢的方式"跨"进去试一试）。

2.请个别幼儿简单分享并进行示范。（教师提醒幼儿：小脚要抬高，别碰到小栏杆）。

（二）集体练习"绕障碍、跨越"基本动作

游戏活动：狐狸来了。

1.介绍游戏玩法。

鸡妈妈带着小鸡到花园里做游戏，突然鸡妈妈发现狐狸来了。鸡宝宝们，快点跟着妈妈一起跨过（饮料瓶）栏杆，绕着小障碍（椅子）跑到山洞里（运动垫设置）去就安全了。

2.游戏规则。

在跨栏杆时，脚不要碰到饮料瓶；一定要绕着两个障碍跑完后才进入山洞，跑的时候要学会保护自己，不要与其他伙伴相撞、摔跤。

3.幼儿游戏。教师指导较弱幼儿活动，并做好安全防护。

三、结束部分

大灰狼来了（配班教师扮演），把大灰狼抓走了，鸡妈妈又可以带着鸡宝宝一起出来做游戏了。

八　勇夺小旗

活动目标

1.训练单、双脚跳圈，发展幼儿动作协调性与灵活性。
2.培养幼儿勇敢、不怕困难的精神。
3.乐于参加体育活动，体验与同伴合作游戏乐趣。

活动准备

呼啦圈若干、饮料罐、纸棍、小旗、音乐。

活动过程

一、开始部分

师幼一起跟随音乐做热身活动。

二、基本部分

（一）幼儿尝试单脚跳、双脚跳动作

1.引导幼儿在活动场自由跳跃。教师做好跳跃示范，要求幼儿自由练习，观察幼儿的不同玩法，并适时指导。

2.提供材料，幼儿自由选择材料进行单脚跳、双脚跳练习。鼓励幼儿多人合作练习，玩出与别人不一样的方法，并请个别幼儿进行示范。

（二）合作比赛活动：夺小旗

1.介绍比赛玩法。

将幼儿分成人数相等的两组，分别站在各自的起跑线外听信号比赛。跑过小路，单脚跨跳过小河（饮料罐与纸棍组合），再双脚跳过一组呼啦圈，来到小山坡夺取小旗，沿原路返回放下小旗，与第二名伙伴击掌，依次进行。先完成任务者获胜。

2.比赛规则。

第一：跳单圈时要跳到圈中心，不能踩线。

第二：跳双圈时一定要双脚同时落地。

第三：从终点取回小旗，放到篮子里。

3.幼儿比赛活动。提示：遇小河时单脚跳跃，遇双圈时双脚分开同时跳，并做好安全防范。

三、结束部分

1.活动总结，鼓励表扬积极参加活动的幼儿。
2.师幼一起放松运动，活动结束。

九　小猫与老鼠

活动目标

1.培养幼儿快跑、钻及敏捷的反应能力。
2.提高幼儿多人合作进行游戏的能力。
3.培养幼儿学会与同伴分享成功的良好心理品质。

活动准备

自制小猫头饰一个、小老鼠头饰一个、废旧布条、音乐。

活动过程

一、准备活动

师幼随音乐一起做自编的小兔跳跳操活动。

二、基本活动

活动一：听口令，完成任务。
1.玩法：在活动场设置游戏场景，将幼儿分成相同人数的两组。幼儿随教师口令快跑过一条小路，钻过布条小隧道，再跑回起点。先完成任务者获胜。
2.分享与交流经验。
活动二：小猫与老鼠。
1.活动准备。
选出两名幼儿分别扮演小猫和老鼠，其余的幼儿三人一组，两人围成圈，一人当窝中的老鼠。
2.游戏玩法。
游戏开始，教师与幼儿一起说儿歌："小朋友来游戏，我们来帮老鼠找窝，一、二、三。"喊一时，老鼠即刻逃跑，喊三时小猫开始追捕。这只老鼠为了自救，可以向任何一个窝里跑。这时窝里原有的老鼠要马上向外逃跑，小猫追老鼠。如果老鼠被小猫捕到，两人就另换角色。

3.互换角色,游戏反复进行。
4.教师小结游戏情况,幼儿分享活动经验。

三、结束活动

1.幼儿收拾与整理。
2.全体幼儿放松走步、活动结束。

十　爬爬宝贝

活动目标

1.在游戏中,幼儿初步学会后退爬的基本技能。
2.培养幼儿动作的协调性、灵活性,能体验活动带来的快乐。

活动准备

自制红色纸球、绿色纸球、大灰狼头饰、音乐。

活动过程

一、导入活动

1.师幼一起热身活动。
2.讨论小乌龟是怎样走路的,引导幼儿学一学。
小结:小乌龟真能干,会用伸缩的本领来保护自己。

二、基本活动

(一)听信号尝试各种爬的方法

1.教师带领幼儿一起听信号向前爬。
引导幼儿能听着老师的信号自由地爬,同时尝试和别人不一样的爬的方法,如向前爬、横向爬等。
2.请幼儿分享自己创新的爬的方式,其他幼儿学一学(请幼儿示范)。
3.幼儿讨论:你觉得这样向后爬与向前爬有什么不一样?脸朝前面,一步一步向后退着爬,这就叫后退爬,并带领幼儿练习。

(二)练习后退爬

活动一:比比谁的本领大。

游戏规则：将幼儿分成两组，一组向前爬时，二组就后退爬，想法不让一组抓到如果快要被抓时，二组就像小乌龟一样用伸缩的本领保护自己；当一组后退爬时，二组就向前爬来抓一组，看看哪一组的本领大。

活动二：看标志爬。

游戏规则：在活动场上分别放上红色纸球、绿色纸球，当看到红球，就必须向前爬；当看到绿球时，就必须后退爬，看谁先到终点拿到小兔娃娃，谁就获胜。

小结：幼儿自由讨论，结合生活经验说说其他动物的爬的方法，如螃蟹横着爬等。

三、结束活动

教师和幼儿做放松活动，共同整理材料。

十一　小猪快快跑

活动目标

1.综合练习走、跑、跳和滚球动作。
2.提高幼儿动作的协调性和灵敏性。
3.培养幼儿热爱劳动的品质。

活动准备

自制纸球若干、音乐。

活动过程

一、导入活动

热身运动：教师带领幼儿做热身运动。

二、基本活动

（一）纸球小猪

1.出示纸球，引发兴趣。

师幼进行讨论，鼓励幼儿大胆发言：把大纸球当作小猪，小朋友来当小主人，想一想，怎样把小猪赶回家。

2.幼儿初探玩滚球。幼儿人手一个纸球，在活动场自由地玩滚球，重点提醒幼儿滚球时必须用双手向前滚。

3.幼儿自由交流与分享，鼓励幼儿分享自己滚球的方法。

（二）小猪快快跑

1.示范并介绍玩法。

将幼儿分成相同人数的两组，幼儿单手赶着小猪到达活动场中间，另一个幼儿抱着纸球快跑到达终点，将小猪送回家（指定的终点），然后从侧面跑回起点，按顺序排在队伍后面，在规定的时间内，送回小猪多的一组获胜。

2.活动准备，听音乐做动作。

引导幼儿随音乐在场地两侧自由模仿小鸟飞、小兔跳、小鸭走等动作。

3.幼儿游戏，教师指导，鼓励在活动中动作协调、遵守秩序的幼儿。

三、结束活动

教师组织幼儿整理活动材料，师幼随音乐做放松活动。

十二　瓶娃娃碰碰碰

活动目标

1.引导幼儿积极探索瓶子的多种玩法，体验合作游戏的快乐。
2.在活动中学习绕障碍物走的技能。

活动准备

废旧瓶、饮料瓶若干（装饰瓶娃娃）、小皮球、音乐。

活动过程

一、导入活动

1.幼儿人手一个饮料瓶进入场地。
2.听音乐，跟随老师即兴创编瓶操（动作：上肢、下肢、弯腰、踢腿、跳一跳等）。

二、基本活动

（一）探索活动，自由玩瓶

1.我和瓶瓶做游戏：鼓励幼儿自由探索玩瓶子，教师巡回观察指导。
2.幼儿分享自己的玩法。

（二）体验与游戏

活动一：打保龄球。

1.介绍活动玩法。

师幼共同将瓶娃娃按三角形摆好，站在对面线外，拿一个小皮球向瓶娃娃滚去，比比谁碰倒的瓶娃娃最多。

2.介绍活动规则。

幼儿必须站在规定的范围内，小球只能是滚动，不能投出去。

活动二：瓶娃娃碰碰碰。

1.介绍活动规则及玩法。

玩法：两名幼儿相距1米左右面对面蹲下，同时滚动手中的瓶子，让两个瓶子相碰。然后绕着小树林（瓶娃娃摆放的S线形状）跑到终点。

2.幼儿合作游戏，体验玩瓶子的乐趣。

3.启发幼儿探索更多的玩法。

三、结束活动

材料整理，放松活动。

十三 小鸭嘎嘎嘎

活动目标

1.发展双手投掷动作，提高投准能力。
2.积极参与活动，体验体育游戏的快乐。

活动准备

自制鸭妈妈头饰、小鸭头饰、小鸭纸箱、沙包若干、轮胎四个、音乐。

活动过程

一、导入活动

1.热身活动。师幼随音乐做小动物模仿操，活动幼儿身体。

2.游戏：排排队。请幼儿四散自由去玩一玩，教师发出指令，幼儿听到信号后迅速站队。

二、基本活动

（一）模仿小动物，激发兴趣

1.听音乐《小鸭子》，做动作。
2.师幼共同游戏。

教师头戴鸭子妈妈头饰，唱着《小鸭子》歌曲入场，幼儿头戴小鸭子头饰跟着教师模仿小鸭走，自由地在河里游泳。池塘里有一群小鸭子，嘎嘎地叫着，原来是肚子饿了，咱们去喂小鸭好吗？

（二）投掷练习，小鸭嘎嘎

1.活动玩法。

场地中间由四个轮胎围成池塘，小朋友们在圆圈上边走边说儿歌："小鸭小鸭叫嘎嘎，肚子饿了吃点啥？送你一个大面包，吃饱肚子别叫啦！"说完转身用单手把沙包投向鸭子纸箱。教师示范投掷动作：单手拿沙包，用力向前投掷。

2.介绍活动规则，并示范投掷动作。

活动中强调规则：必须在线上投沙包，要说完儿歌才可以投出沙包。

3.幼儿投掷活动。

首先教师带领幼儿慢慢在池塘边走边念儿歌投掷，然后节奏逐渐加快连连投掷。表扬投中的幼儿，指导没投中的幼儿继续努力。

三、结束活动

1.教师带领幼儿做放松活动：伸展手臂，放松腿部肌肉等。
2.材料整理，活动结束。

十四 小猪胖胖

活动目标

1.练习持物控球走（跑），提高幼儿控制能力。
2.发展动作的协调性，激发幼儿对体育活动的兴趣。

活动准备

自制纸棍、报纸球、小椅子、音乐。

> 活动过程

一、开始部分

教师与幼儿听音乐热身运动。

二、基本部分

（一）幼儿尝试用物赶球走

1.出示纸球和纸棍，幼儿玩赶球走。引导幼儿用纸棍尝试自由地在活动场赶着小球走，巩固练习滚球向前走。

2.启发幼儿想象，并自由交流。

鼓励幼儿根据自己玩球的经验，大胆地表达自己的玩法，并充分发挥想象，纸球还能怎么玩？除了滚球、赶球外，还有控球跑、运球、抛球等多种玩法。

（二）比赛活动：小猪胖胖回家

1.情景：小猪胖胖迷路了，请大家帮忙把小猪送回家。但回家路上要走过一条弯曲的小路，还要经过一座小山（用小椅子设置的障碍物）。

2.介绍比赛玩法。

将幼儿分成两组，听信号开始比赛。幼儿一个跟着一个用纸棍赶着纸球走过小路，抱着小球走过小山坡，把小猪送回家。然后从侧面跑回起点与下一名伙伴击掌，再依次进行，先完成任务一组获胜。

3.比赛规则。

幼儿要一个跟着一个送小猪回家（不要让纸球滚掉），在最短的时间内把小猪送回家的幼儿获胜。

4.幼儿比赛活动。教师进行指导，并做好安全防护。

三、结束部分

1.总结活动。

2.放松活动，活动结束。

十五　宝宝运动会

> 活动目标

1.能爬、钻、跨、跳过不同宽窄的障碍物，发展幼儿身体协调性。

2.培养幼儿勇敢、不怕困难的精神。

活动准备

自制金银铜牌、废旧瓶罐、绳子、塑料拱门、松紧带、平衡木、小旗、其他运动辅材。

活动过程

一、导入活动

1.**热身活动**：师幼边念儿歌边做热身操。（儿歌：今天天气真正好，我们大家来做操，伸伸臂，弯弯腰，踢踢腿，蹦蹦跳，大家锻炼身体好。）

2.**兴趣导入**：幼儿园里的小朋友特别喜欢运动，身体可好了。秋天到了，大家想举办一场运动会来检验小朋友的运动情况，这些运动必须要小伙伴们合作才能完成，大家一起来准备吧！

二、基本活动

（一）引导观察，激发兴趣

1.场景设置，引导幼儿观察。教师提出问题，引发幼儿思考："活动场上设置了这些活动项目，请大家说一说，该怎样完成任务？"

2.师幼共同讨论各项目的玩法，并请幼儿合作练一练。教师适时指导，启发幼儿创新玩法。

（二）宝宝运动会，竞技比赛

1.分解动作，重点引导幼儿爬、钻、跨、跳等动作的练习。

2.介绍各项活动的玩法。

活动一：接力过草地。

玩法：幼儿做好准备，听信号出发，从起点开始跑过小路（绳子），单脚连续跨跳过草地上的障碍物（瓶罐），然后从侧面跑回起点与下一名伙伴击掌，接力过草地，最后一名幼儿完成任务后取回小旗返回。

活动二：钻山洞。

玩法：幼儿8人一组跑步前行，钻过山洞（塑料拱门），走过小路，再爬行过线网（松紧带），先取到小旗者获胜。

活动三：过小河。

玩法：幼儿做好准备，听信号走过独木桥（平衡木），连续跨跳过宽窄不同的小河（绳子），先到达终点者获胜。

3.幼儿参加运动会比赛项目。教师做好安全防护，记录幼儿活动的情况。

三、结束活动

活动总结。教师根据幼儿比赛情况对幼儿进行奖励，颁发金、银、铜牌。

十六　报纸小岛

活动目标

1. 能积极愉快地参与活动，乐意与同伴合作游戏。
2. 引导幼儿探索报纸对折方法，尝试与朋友一起站在报纸上，保持身体平衡。

活动准备

废报纸人手一张、音乐。

活动过程

一、导入活动

1. 热身活动：唱儿歌："我的小海龟，住在龟壳里，饿了——把头伸出来，困了——缩头打瞌睡。"
2. 幼儿随音乐热身活动。幼儿扮演小海龟，边念儿歌边自由地做小海龟爬行、游泳等动作。

二、基本活动

（一）探索活动报纸的玩法

活动一：踩报纸。
1. 介绍玩法。
将报纸铺在场地的中间做大海里的小岛，幼儿扮演小海龟。自由组合成一对对海龟朋友，听教师口令，海龟围着报纸快乐岛游泳。当教师口令停下时，两只海龟同时站在快乐岛上，相互拥抱，保持身体平衡，以脚不离报纸为胜。
2. 引导幼儿将报纸不断对折，使报纸面积越来越小。鼓励幼儿相互合作，使自己依然能站在报纸上保持身体平衡。

活动二：朋友多，力量大。
教师扮演大鲨鱼，小海龟在场地内随意游泳。当大鲨鱼发出"我要吃掉小海龟"的信号时，小海龟便迅速自由结伴拉手，大鲨鱼设法追逐那些没有找到朋友的小海龟。

三、放松运动

1.幼儿坐在报纸上，随音乐做放松活动。
2.收拾与整理。

十七　跑圆圈

活动目标

1.训练跑、走、追逐、躲避技能，发展幼儿肢体灵活性。
2.知道遵守游戏规则，体验与同伴游戏的快乐。

活动准备

自制纸球、猫妈妈头饰、沙包、小花布、其他运动辅材、音乐。

活动过程

一、开始活动

1.热身活动：在音乐中带领幼儿做各种动作，如跑、走、追逐、躲避等，活动身体，进入活动场地。
2.谈话导入，激发幼儿兴趣。

二、基本活动

（一）探索两人"追逐、躲避"玩法

1.教师引导幼儿两人一组，一人扮小猫，一人扮老鼠，相互玩"猫捉老鼠"游戏。教师提示幼儿注意安全。
2.鼓励幼儿大胆分享自己的玩法，并进行示范，教师带领其他幼儿学一学。提醒幼儿在追逐、躲避中学会自我保护。

（二）游戏活动：跑圆圈，丢手绢

1.介绍活动玩法。

组织全体幼儿围成一个大圆圈蹲下，请一名幼儿出来拿着一块花布围着圆圈跑，其他幼儿边拍手边唱儿歌："丢呀丢呀，丢手绢，悄悄地丢在小朋友的后面，大家不要告诉他，快点快点捉住她，快点快点捉住她。"当有幼儿发现自己后面的小花布时，马上拿着小花布开始围着圆圈追逐丢小花布的伙伴跑，另一名幼儿要学会躲避。当快要被追上时，马上跑到大树后面（玩具搭建）藏起来，游戏继续进行。

2.介绍活动规则。

在游戏时，如果被追逐的幼儿抓住，就要表演一个节目；在游戏中要学会追逐和躲避的技巧；要学会遵守游戏规则。

3.师幼共同游戏。提醒幼儿游戏时注意安全。

三、结束活动

总结与评价活动。师幼一起放松运动。

十八　小马运粮

活动目标

1.练习走、跑、跨的动作，发展幼儿动作协调性。
2.体验与同伴合作进行竞赛游戏的快乐。

活动准备

自制纸棍若干、布袋若干、沙包、篮子、小红星、音乐。

活动过程

一、开始部分

教师带领幼儿随着音乐节奏活动身体各部位：点点头、伸伸手、弯弯腰、踢踢腿、蹦蹦跳，天天锻炼身体好。

二、基本部分

（一）自由探索，激发兴趣

1.出示材料，引导幼儿自由探索。
教师指导幼儿自由选择材料，练习走、跑游戏。
2.幼儿分享活动经验。
教师鼓励幼儿向小伙伴们说一说自己"走、跑"的玩法，并进行示范，让大家学一学。

（二）比赛活动：小马运粮食

1.介绍比赛玩法。
将幼儿分成两组，听信号开始比赛。从起点出发，小马一个接着一个提着布袋子（装有沙包）跑过小路，跨过小河（纸棍）、走过小山坡（陡坡玩具），将粮食运到家。下一组幼儿接着游戏，先完成任务者获胜。

2.教师示范玩法，引导幼儿仔细观察。

3.幼儿比赛活动。教师鼓励表现好、积极参与活动的幼儿，并奖励小红星。

三、结束部分

组织幼儿分享活动，整理材料。

十九 小兔跳房子

活动目标

1.结合民间游戏"跳房子"，尝试不同的跳法跳过格子路。
2.引导幼儿遵守游戏规则，体验健康活动的乐趣。

活动准备

自制跳房子格子、纸棍、拱形玩具、轮胎、音乐。

活动过程

一、准备活动

教师随音乐入场，幼儿跟着音乐做热身动作。

二、看图跳五彩格子路。

1.尝试用不同的方法跳过五彩格子路。提醒幼儿要一个格子一个格子地跳，并且要跳入格子内。
2.幼儿分享自己的活动经验，个别幼儿示范刚才是怎么跳的。
3.鼓励幼儿再次尝试，玩出新方法。
幼儿自由练习，教师提醒幼儿遵守游戏规则，并尝试不同的方法。

三、基本活动

活动一：小兔跳房子。
1.介绍游戏玩法。
幼儿从起点出发，跑步来到山洞前，弯腰钻过山洞、爬过小山坡后、还要跳过五彩格子路（提示：五彩格子路的规格有变化，大小不同的方格子、长格子、三角形格子，跳的时候要有技巧，要用力跳到格子里面去）。幼儿比赛，先完成任务者获胜。

2.幼儿尝试游戏，教师巡回指导。

活动二：纸棍变变。

幼儿根据需要结合辅助材料自由拼搭后练习跳跃，如单脚跳、双脚跳和单双腿交替跳等，探索民间游戏"跳房子"改编的乐趣，体验挑战性和游戏性。

四、结束活动

师幼共同随音乐做放松活动并整理材料。

二十　趣玩小竹梯

活动目标

1.鼓励幼儿大胆创造出各种不同的玩小竹梯的方法。
2.发展幼儿的想象力，提高幼儿的交往能力。
3.培养幼儿勇敢、团结的合作精神。

活动准备

自制小竹梯、音乐。

活动过程

一、导入部分

伴随着音乐，幼儿与教师一起做身体各部分的准备活动。

二、基本部分

（一）启发幼儿探索小竹梯玩法。

1.教师出示小竹梯，幼儿自由探索玩梯，如双脚跳梯、单脚跳梯、钻爬梯子等。
2.组织幼儿讨论：小竹梯还可以怎样玩，鼓励幼儿大胆讲述自己的玩法并为大家演示。

（二）师幼创新玩竹梯

活动一：走梯子。

1.介绍玩法，讲解动作要领。

请幼儿将两个小竹梯在一条直线上平放摆好，让幼儿两臂伸直侧平举从梯子上走过，发展幼儿平衡能力。幼儿的双脚不掉下来，完成任务者为胜。

2.幼儿创新玩梯，教师巡回指导。

活动二：送梯子（师生共同布置场景）。

工地上装修的工人叔叔要粉刷房子急需要梯子，请两名幼儿一起合作想办法，将梯子给工人叔叔送去。鼓励幼儿用不同的方法送梯子，教师观察指导。有的小朋友一前一后，将梯子放在腰的一边，用一只胳膊前后挎住梯子走，有的钻进梯子一前一后用两只手抬着梯子走。

三、结束部分

师幼听音乐、做放松运动，整理材料。

二十一 巧变纸箱

活动目标

1.积极尝试用大纸箱玩各种游戏。
2.享受角色扮演的乐趣。
3.在活动中培养幼儿团结协作的精神。

活动准备

经过装饰的废旧大纸箱3个（装饰有小鸡的纸箱，装饰有小鸭的纸箱，纸箱身体部分一边挖4个小洞），小纸箱6个（在上面装饰上车轮）。

活动过程

一、导入活动

1.师幼热身活动，幼儿随音乐模仿小鸡、小鸭走。
2.幼儿自由探索纸箱玩法。
出示各种规格的纸箱，引导幼儿自由探索纸箱的不同玩法，教师进行观察与指导。

二、基本部分

（一）游戏：纸箱变魔术

活动一：小鸡出壳。

1.出示装饰的各种纸箱，引导幼儿一起玩变魔术游戏。

玩法：教师藏在大纸箱中，边念儿歌边做动作："小鸡小鸡多大了，伸伸脑袋出来；

小鸡小鸡多大了，拍拍翅膀出来了；小鸡小鸡多大了，两条小腿出来了；小鸡小鸡多大了，高高兴兴蹦出来了。"教师示范小鸡从纸箱里出来的动作。

2.幼儿分组玩小鸡出壳的游戏。

3.幼儿交流与讨论，纸箱还可以玩哪些游戏。教师鼓励幼儿变换角色，创编游戏儿歌，再次游戏。

活动二：开火车。

玩法：组织幼儿把大小纸箱连接起来，一人作火车头开火车，其他幼儿每人将小纸箱套在自己的身体上，一个连着一个变成长长的火车。组织幼儿玩开火车的游戏，幼儿从起点开过一段轨道，钻过山洞、开过大桥，最后开到终点站，顺利完成任务者为胜。提醒幼儿注意活动中的安全。

三、活动结束：

幼儿听音乐做放松活动，整理材料。

二十二 老鹰捉小鸡

活动目标

1.锻炼幼儿行动的敏捷性和快速跑的本领，学会躲闪。
2.培养幼儿自主探索、乐意合作和挑战自我的精神。
3.培养幼儿对体育运动的兴趣爱好。

活动准备

自制鸡妈妈头饰、老鹰头饰、鸡宝宝胸饰若干，音乐。

活动过程

一、开始部分

师幼一起听音乐做热身运动。

二、创设情境，激发兴趣

1.讲解故事内容（鸡妈妈是不是很勇敢？小鸡是不是很听话？现在我们出去做游戏吧）。

2.幼儿交流与分享。

三、基本部分

活动一：老狼老狼几点了。

玩法：组织幼儿在活动场自由玩耍，教师边走边念："老狼老狼几点了？"幼儿回答3点了，说完老狼就开始抓人，幼儿快速躲闪，被抓住的幼儿被罚出场，然后继续游戏。

活动二：老鹰捉小鸡。

1.介绍活动玩法。

幼儿扮演小鸡，一位老师扮演鸡妈妈，幼儿一个接着一个分别牵住前一个幼儿的后背衣服，另一位老师扮演老鹰。老鹰开始抓小鸡，鸡妈妈带着鸡宝宝快速躲闪，不让老鹰抓住小鸡，如果被抓住就主动出场。

2.师幼玩老鹰捉小鸡游戏。

小结：游戏时应该遵守游戏规则，不推不挤，注意安全。

四、结束活动

师幼放松活动，整理材料。

二十三　网小鱼

活动目标

1.发展幼儿动作的灵敏性和反应能力。
2.学会躲闪，培养幼儿合作能力。

活动准备

自制小鱼头饰、小渔网、小猫头饰、儿歌、音乐。

活动过程

一、导入活动

师幼听音乐做热身活动。

二、基本活动

（一）游戏：猫抓老鼠

1.幼儿探索躲避的方法。

教师扮演老猫，幼儿扮演小老鼠，师幼共同念儿歌："小老鼠，上灯台，偷油吃，下不来，喵、喵、喵，猫来了，叽里咕噜滚下来。"念完老猫开始抓老鼠，小老鼠学会四处躲闪，游戏反复进行。

2.鼓励幼儿大胆分享自己躲避的方法。

（二）游戏：网小鱼

1.介绍游戏玩法及规则。

将全体幼儿分成两部分，一部分幼儿做小鱼，一部分幼儿做渔网（做渔网的幼儿围成一个大圆圈）。游戏开始，幼儿边念儿歌边做游戏，当念到渔网来了捕小鱼时，扮作鱼儿的幼儿找空隙钻出去四散跑开。游戏反复进行，同时提醒幼儿遵守游戏规则。幼儿在画定的池塘范围内跑，当说到最后一句"快快游"的时候，才能跑，奔跑时要注意安全。

2.教师示范动作。

教师边念儿歌边做动作："小鱼小鱼水里游，游来游去点点头，渔网来了捕小鱼，小鱼小鱼快快游。"

3.引导幼儿游戏，被捉到的幼儿不能再参加游戏，直到把鱼儿都捉完。第二次游戏让幼儿换角色，游戏继续。

请4名幼儿扮渔夫拿着渔网网鱼，其他幼儿扮演小鱼，当听到音乐响起时，小鱼四散逃跑，渔夫开始网鱼，当网碰到小鱼头饰时，小鱼走出鱼塘，直到将小鱼网完为止。游戏反复进行。

三、结束活动

听音乐做放松活动，活动自然结束。

二十四　信号小达人

活动目标

1.乐意积极参与游戏，并遵守游戏规则。
2.初步学习在奔跑时用眼睛观察前方，避免碰撞，注意安全。
3.能听信号练习走、跑交替。

活动准备

自制风婆婆头饰一个，用落叶自制的风婆婆衣服、各种动作图卡。

活动过程

一、准备活动

（一）听音乐做热身活动

（二）根据信号做相应的动作

1.学儿歌《片片飞来像蝴蝶》，配相应的动作。

2.引导幼儿根据信号做相应的动作：站立、跑、走、蹲下。教师不断地变换信号口令，如教师说出"站立"，全体幼儿马上站立，教师说出"跑"，全体幼儿马上四散跑。

3.听信号练习走、跑交替。

在活动场贴上各种运动图卡，教师发出口令，幼儿根据信号口令跑到相应的图卡处做相应的动作。

二、游戏：信号小达人

1.教师介绍游戏玩法和注意事项。

教师扮演"风婆婆"，戴上头饰和衣服，幼儿扮演"小树叶"，"小树叶"听"风婆婆"的指令做相应的动作。

提示：幼儿游戏时，要眼睛看前方，避免碰撞；嘴巴不张开，以免咳嗽等。

2.师幼共同玩游戏，教师可根据幼儿的运动能力调整走、跑的时间，同时提醒幼儿按教师发出的信号行动。

三、结束活动

1.组织幼儿捡树叶后，让幼儿手持树叶玩此游戏，提高幼儿的游戏兴趣。

2.整理材料。

二十五　看标志找家

活动目标

1.发展跑、跳的能力，培养幼儿运动的兴趣。

2.增强其看信号标志做动作的意识。

活动准备

自制小兔、小鸭、小狗头饰，图卡（胡萝卜、小鱼、骨头），垫子，音乐。

> 活动过程

一、准备活动

1.引导幼儿随音乐模仿小动物自由地走走、跑跑、跳跳。
2.游戏：猜猜、变变。
引导幼儿戴上小兔、小鸭、小狗等小动物头饰，找找自己的家。（小兔的家贴有胡萝卜图片、小鸭的家贴有小鱼的图片、小狗的家贴有骨头图片）。
3.请幼儿分享自己找家的经验，引导幼儿根据小动物的生活特点给小动物找家。

二、游戏活动（看标志找家）

1.布置游戏场景。
2.介绍游戏玩法及规则。
在送小动物回家的路上设置许多的标志，幼儿要按标志信息走，看到山洞（用拱形门代替）要钻过去，看到红色垫子要像小兔子一样跳过去，黄色的垫子要跑过去，选择自己喜欢的一种小动物，把小动物送回它的家里。
3.师幼共同游戏。
幼儿带小动物到森林里玩，把小动物放在森林的地板上，然后跑回来（老师跟幼儿合作游戏），练习时注意提醒幼儿看标志做动作。
小结：鼓励认真游戏的幼儿，增强其自信心，使之乐于参与游戏。

三、活动延伸

投放多种动物头饰，让幼儿自由探索小动物走路的特征，鼓励幼儿和其他伙伴玩送小动物回家的游戏。

二十六　兔宝宝采蘑菇

> 活动目标

1.学习双脚并拢向前跳跃，发展身体的协调能力。
2.培养幼儿的规则意识及参加体育活动的兴趣。

> 活动准备

自制蘑菇图卡若干、小兔头饰若干、音乐。

> 活动过程

一、导入活动

1.听音乐做热身运动。
2.我跳你猜。
教师模仿各种小动物跳跳，幼儿根据教师的动态，说出小动物的名字，并且学一学这些小动物的走路姿势。

二、幼儿探索活动

1.幼儿尝试小兔跳。
老师示范："小脚并并拢，膝盖弯一弯，轻轻向前跳。"请幼儿尝试一边念儿歌一边跳，了解小兔跳的技能。
2.引导幼儿交流讨论："小白兔爱吃什么？除了萝卜，小白兔还喜欢吃什么？"
3.老师头戴"小白兔头饰"激发幼儿的兴趣："我是兔妈妈，你们是我的兔宝宝，宝宝们今天天气真好，我们出去采蘑菇吧。"

三、游戏活动（小兔采蘑菇）

1.讲解游戏玩法及规则。
教师戴上头饰扮演兔妈妈，幼儿戴上小头饰扮演兔宝宝。请兔宝宝们跟着兔妈妈去采蘑菇。但是我们必须"跳"着去。用"小脚并并拢，膝盖弯一弯，轻轻向前跳"的方法一个个跟着兔妈妈去采蘑菇。采到蘑菇以后，把蘑菇放在两腿之间夹着，再跳回来，并把蘑菇放进筐中。五分钟后，数一数采了几个蘑菇，采的蘑菇多者获胜。
2.师幼共同游戏。
教师在游戏中做好观察与指导，对于动作不规范的幼儿，教师指导其反复练习。

四、结束活动

放松运动：引导幼儿揉腿、做放松运动，整理材料。

二十七　好玩的圈圈

> 活动目标

1.对玩圈感兴趣，尝试使用多种方法玩圈。
2.练习钻、跳、平衡等基本技能，培养合作能力。

活动准备

自制沙包若干、废旧纸箱、小小呼啦圈、平衡木、小椅子、音乐等。

活动过程

一、开始部分

1. 谈话导入。
2. 引导幼儿活动身体各关节,师幼随音乐共同做圈操。

二、幼儿探索圈的玩法

1. 请幼儿自由玩圈。鼓励幼儿大胆说一说自己是怎样玩圈圈的,并演示自己的玩法。
2. 鼓励幼儿探索圈的多种玩法,引导幼儿相互学习。
3. 引导幼儿合作玩圈,体验一人玩圈和多人玩圈的区别。

三、游戏活动:运粮食

1. 利用准备的材料布置场景,用两把小椅子辅助将圈立起来做山洞,两个圈紧挨着依次摆好做小土坑,平衡木做小桥,纸箱做粮仓。
2. 介绍游戏玩法。

将幼儿分成两组,每组幼儿手拿沙包从起点出发,依次钻过"山洞",跳过"土坑",走过"小桥",将手中的"粮食"(沙包)送到"粮仓",然后跑回起点。

3. 幼儿游戏活动。
4. 鼓励幼儿继续探索圈的各种玩法。如跳圈(将圈平放在地上,从圈里跳进跳出),转圈(幼儿用手转圈,使其原地旋转),套圈(从头套入脚下取出或从脚套入头上取出)。

四、结束活动

组织幼儿听音乐做放松运动,活动结束。

二十八 齐心协力运果子

活动目标

1. 培养幼儿平衡能力及四肢的灵活性和协调性。
2. 练习双脚跳、跨跳的能力,发展幼儿腿部的弹跳能力及动作的协调性。

> 活动准备

自制易拉罐梅花桩、沙包、圆滚筒、跨栏等。

> 活动过程

一、导入活动

1.师幼随音乐做热身活动。

2.谈话活动。

教师念儿歌，幼儿做动作：小兔跳一跳，幼儿跟着教师练习双脚跳；小狗跨一跨，幼儿跟着教师练习跨跳，反复练习。

3.幼儿交流与分享。

鼓励幼儿大胆说一说小兔怎样跳，小狗怎样跨，并示范给小伙伴们看一看。

二、基本活动

1.活动情景。

妈妈要带孩子们去运丰收的果实，可是路途遥远，要绕过树林，坐上汽车，下车后还要一起步行过草地，跨过小山坡，走过小桥，才能摘到果子运回来。你们想挑战吗？

2.介绍游戏玩法。

在绕树林时，一定要一个跟着一个跳，不能推挤。坐汽车（圆滚筒）时，只能两人一辆汽车或者一人一辆，要排队坐车，不挤不推。下车后走过一条小路，跨山坡（斜坡玩具）时要注意安全。走小桥（梅花桩）时要一个一个排队走，不然就会掉下河。最后摘到果子（沙包），再跳着返回起点将果子（沙包）放在篮子里，完成任务者为胜。游戏反复进行。

3.教师示范游戏玩法。

4.幼儿游戏，教师观察。

观察幼儿参与活动的情况，是否有危险行为及不正确的玩法。提醒运动量大、出汗多的幼儿注意休息。

三、结束活动

1.引导幼儿做放松运动。

2.整理材料。

二十九　揪尾巴

活动目标

1. 培养幼儿的合作意识及合作能力，体验游戏的快乐。
2. 在指定范围内训练快速躲闪动作的协调性。

活动准备

自制彩色布条、平整的场地、音乐。

活动过程

一、开始部分

1. 师幼随音乐一起做快乐热身操。
2. 组织幼儿玩丢手绢游戏，练习在指定范围内躲闪跑技能。

二、基本部分

（一）小猴子与大老虎

1. 幼儿到圆圈内带上自己的尾巴扮演"小猴子"，教师扮演"大老虎"要去抓"小猴子"的尾巴。引导幼儿把布条塞进裤腰，让对方揪出布条。
2. 教师讲解游戏玩法。

幼儿自由站在圈内，教师数"一二三"，幼儿开始在指定的范围内四散跑开不被对方揪尾巴，但不得推拉，被揪下尾巴的幼儿将被罚出场，然后继续进行游戏。

3. 幼儿自由玩揪尾巴游戏，教师做好观察、巡回指导。
4. 幼儿相互交换角色，进行揪尾巴。
5. 幼儿互相交流分享各自的玩法。说说用躲闪跑的方法及怎样才能够保护好自己的尾巴。

小结：在游戏中不被对方捉住尾巴，快跑躲闪，身体灵活，动作要快。

三、结束部分

1. 鼓励幼儿在生活中将探索的揪尾巴的游戏与自己的好伙伴一起玩，共同体验游戏的快乐。
2. 整理材料。

中班体育活动案例

一 翻滚宝贝

活动目标

1. 在学会前滚翻的基础上，让幼儿尝试多种滚翻的方法。
2. 锻炼幼儿手臂的力量，训练其动作的协调性和灵活性。
3. 体验与同伴合作游戏的乐趣，感受成功，获得情感的满足。

活动准备

大小运动垫子若干张、场地设置、音乐。

活动过程

一、开始部分

师幼听音乐做健身操。

二、基本部分

（一）幼儿探索"翻滚"动作

幼儿跟着音乐，跑着、跳着到达活动场，教师提出问题。
1. 模拟游戏，教师引导幼儿一起在垫子上东倒西摇。
2. 鼓励幼儿练习翻滚的方法，教师巡回指导。
3. 幼儿跟随音乐声进行模拟练习，找出方法。（通过练习，得出同心协力才能像波浪滔滔一样翻滚）。

（二）游戏活动：翻滚宝贝

1. 介绍活动玩法。

将幼儿分成两组，每组8人，分别从起点的运动垫子上爬行前进，在篮子里取一根布条迅速在大运动垫子上向左翻滚，将布条放在左边篮子里，空手向右翻滚，再取一根布条继续向左边翻滚，放下布条，继续翻滚，直到将布条全部取完为止，最先完成任务组获胜。

2. 幼儿翻滚游戏。

规则提示：必须从运动垫子上爬行过去，在翻滚取布条时，每一次只能取一根布条，每人只能取 4 根，下一个人接着翻滚取物，而且必须在运动垫子上翻滚，不能滚到地上去。

3.交流与分享：鼓励幼儿分享自己的翻滚经验，表扬动作规范、取物快的幼儿。

三、结束活动

师幼做放松练习，活动自然结束。

二 爬行大挑战

活动目标

1.探索纸箱的多种玩法，体验身体运动的乐趣。
2.练习爬、侧身翻滚等动作，发展肢体的灵活协调性。
3.锻炼幼儿手臂的力量，训练动作的协调和灵活性。

活动准备

大纸箱若干、运动垫子、麻绳、小红旗、欢快的背景音乐。

活动过程

一、导入活动

1.师幼随音乐做热身活动。
2.谈话活动。
让幼儿结合生活经验思考：说一说你看到的小螃蟹是怎样走路的，小乌龟是怎样走路的。它们爬行的方法是不一样的，小螃蟹是横着爬，小乌龟是正着爬。
3.引导幼儿学学小螃蟹、小乌龟爬一爬，并交流分享。

二、基本活动

（一）纸箱大探索

1.纸箱变成"龟壳"。
引导幼儿自由选择纸箱，教师帮助幼儿用纸箱变成"龟壳"：把纸箱竖起来，蹲在里面；把纸箱横过来，身体缩进去跪在里面；把纸箱横过来，躺在里面，头部和脚部露在外面。

2.纸箱大变身。
幼儿扮小乌龟在纸箱内自由探索不同的前进方法，并请个别幼儿示范把纸箱竖起来，蹲着前进；把纸箱横过来放，头和脚缩起来，爬行前进；把纸箱横过来放，躺着滚动。

（二）游戏活动：小乌龟回家

1.介绍玩法。

幼儿两人一组，从起点运动垫上爬行前进，钻进纸箱，把纸箱横过来躺着滚动，然后学螃蟹侧着爬过麻绳小河，到达终点取下小红旗。另一名拿着小红旗从侧面跑回到终点，先完成任务的一组获胜。

2.活动规则。

在运动垫上必须是正面爬行，纸箱里必须是躺着滚动，侧着爬行时必须沿着绳爬，注意爬行时的安全。

3.幼儿游戏并分享活动经验。

三、结束活动

放松活动，整理材料。

三　带球滚山坡

活动目标

1.练习侧身滚，锻炼腰腹肌的力量，提高身体的协调性和柔韧性。
2.培养合作能力，体验在垫子上侧滚的乐趣。
3.学会与同伴协商合作游戏，乐于参与游戏活动。

活动准备

自制椭圆纸球、运动垫子、音乐。

活动过程

一、开始活动

1.幼儿进场，进行热身运动。

教师带领幼儿在音乐声中一路纵队进场，进行绕垫子 S 形跑、躺在垫子上做身体拉伸（面朝上手抓脚，面朝下手脚翘起，面朝下手抓脚）的热身游戏。

2.交流分享活动。

二、基本部分

1.单人侧身滚。

教师示范侧身滚："纸球纸球两头尖，手脚伸直向前滚，肚子肚子多用力，可别滚到外面去"。

幼儿集体练习侧身滚的动作。教师重点指导：肚子用力，手脚伸直。

2.两人合作侧身滚。

两位幼儿示范，听教师口令一起滚。

3.师幼共同体验游戏。

讨论小结：你和朋友滚的时候遇到了什么问题？师幼共同总结好方法，手伸直拉紧，碰到头时身体向后退，用好方法再次尝试。

4.带球滚山坡。把垫子接头处叠压，形成高低差，两人带着小球一起滚过去。

三、放松活动

在轻柔的音乐声中，教师带领幼儿做身体放松游戏；整理器材

四 转动的纸箱

活动目标

1.用纸箱辅助练习爬、滚、投掷、跨跳的动作。
2.能创造性地合作玩纸箱，感受帮助有困难的人的快乐体验。
3.热爱体育运动，体验合作游戏的乐趣。

活动准备

自制沙包若干、废旧纸箱、音乐。

活动过程

一、开始部分

1.幼儿热身操《动起来》。
2.幼儿人手一个纸箱自由地玩，并分享玩箱经验。

二、纸箱转起来

1.幼儿创意玩纸箱，探索不同的方法。

方法一：在纸箱内手脚协调地向前、向后爬行。
方法二：将纸箱竖起来，幼儿离纸箱一段距离，把沙包投掷进去。
方法三：将沙包夹在两腿之间，伸直身体在纸箱内侧身翻滚。
方法四：将纸箱竖起来，幼儿来回跨跳、单脚跳或双脚跳。

2.教师观察，及时肯定、示范。

三、幼儿合作玩游戏

1.介绍玩法及规则。
螃蟹过河：将纸箱竖起排成两条，两人一组背靠背成螃蟹状跨过纸箱。两组竞赛。
射靶：幼儿两人为一组，一个幼儿双手举起纸箱，另一幼儿用沙包朝纸箱正中投掷。
运粮食：将沙包放在纸箱内，两人一组抬纸箱横着走向终点，沙包不能掉出。
小转盘：幼儿两人一组，各拿一个纸箱的一端，背靠背旋转走。
2.教师评价游戏玩法，鼓励并肯定孩子的想象创造能力。

三、结束部分

师幼放松活动，整理材料。

五　滚圈背果子

活动目标

1.能够尝试侧身翻滚，提高身体的协调性和灵活性。
2.能根据指令做相应的动作。
3.培养幼儿不怕困难、坚强、勇敢、积极向上的良好品质。

活动准备

自制硬纸板滚圈（贴上魔术贴）、小纸球若干（果子）、音乐。

活动过程

一、导入活动

1.热身活动，快乐动起来。
2.讨论：生活中，我们怎样运物体？

二、基本活动

（一）幼儿探索侧身翻滚的方法

1.模仿动作。
教师扮演刺猬妈妈，幼儿模仿小刺猬走路，听着音乐进入活动场："孩子们，跟妈妈去锻炼锻炼身体吧。"

2.侧身翻滚练本领。

出示纸板滚圈，鼓励幼儿探索在圈里侧身翻滚的技能，提示："不用手摘果子，怎样才能把果子带回家？"（用滚的方法）

3.教师标准示范，引导幼儿学一学。

（二）小宝背果子

1.介绍玩法。

幼儿5人一组，钻进滚圈里，在活动场侧身翻滚5分钟，将地面上的纸球粘在滚圈上，然后爬行前进将纸球背到指定地点，取下纸球数一数多少。在相同时间内，背果子最多一组获胜。

2.幼儿游戏，背果子。

教师提示：在侧身翻滚中注意相互之间不要碰撞，头不要露出滚圈，注意安全。

3.分享活动经验，教师鼓励不怕困难、勇敢的幼儿。

三、结束活动

放松活动，整理材料。

六　小兔搬家

活动目标

1.练习双腿夹物跳的动作，发展腿部力量。
2.激发对体育活动的兴趣，充分体验游戏的快乐。

活动准备

自制兔子头饰、废旧可乐瓶若干、呼啦圈、斜坡一个、小布娃娃若干、音乐。

活动过程

一、准备运动

教师戴上兔子头饰扮演兔妈妈，带领幼儿一起随音乐跳兔子舞。要求幼儿学习小兔，双腿并拢一起跳。

二、基本活动

（一）探索双腿夹物跳

1.幼儿自由探索：在活动场任意摆放小物品，幼儿根据需要自由练习双腿夹物跳，并感知双腿夹不同的物体跳时的区别。

2.幼儿交流经验，大胆表述。

（二）游戏活动

1.介绍游戏玩法。

活动一：小兔搬粮食。

小兔家晒了许多粮食，要搬回仓库去，需要大家的帮助，在搬粮食的过程中会遇到大灰狼，小兔要学会保护自己。

幼儿4人一组从场地左侧任取一个物体，用双腿夹住，跳到右侧放下，再继续。当大灰狼出现时，小兔要立即在呼啦圈中蹲下，大灰狼走了，再继续搬东西。在规定的时间内，搬的东西多者获胜。

幼儿在音乐伴奏下反复搬东西，强调动作要领：在搬家时一定要用夹物跳的方法。

2.幼儿游戏，教师巡回指导并提示在夹物跳时，避免与其他伙伴相撞，注意安全。

活动二：小兔搬家。

玩法：小兔子们沿着规定的路线，用夹物跳的搬家方法，背着粮食（布娃娃）跳过小树林（可乐瓶搭成），将粮食放在指定位置，再冲上山坡跳下，返回原地。根据幼儿的活动情况进行指导，为小兔鼓励、加油。

三、结束活动

师幼互相敲敲腿，捶捶背，揉揉肩，做放松活动。

七　娃娃生病了

活动目标

1.训练抬、绕、跨跳等基本技能，发展幼儿身体协调性。
2.探索共同抬物的玩法，体验互相合作带来的乐趣。
3.培养幼儿不怕困难、勇于挑战的精神。

活动准备

自制医院标志、废旧易拉罐、布娃娃、小旗、小红星、音乐。

活动过程

一、开始部分

师幼随音乐做热身活动。

二、基本部分

（一）探索两人合作运物的技能

1.出示多种运动材料，引导幼儿两人一组相互商量、合作将物品从一侧运到另一侧。教师观察与指导。

2.请部分幼儿分享合作游戏的经验。鼓励幼儿大胆向同伴介绍自己的玩法，教师带领其他幼儿学一学。

（二）比赛活动：娃娃生病了

1.介绍比赛玩法。

将幼儿分为两队，每队中的两名幼儿为一组，两名幼儿从起点抬着娃娃走过小路，绕过障碍（易拉罐），一名幼儿跨跳过水沟（塑料玩具），另一名幼儿将娃娃递过去后再跨跳过水沟，然后两人抬着娃娃送到终点（医院）。再由两名幼儿抬着娃娃从侧面返回起点，将娃娃传给下一组，活动继续进行。顺利运送一次娃娃，就获得一面小红旗，最后获得小旗最多的一队获胜。

2.介绍活动规则。

必须两人共同抬着娃娃完成任务，在跨跳过水沟时必须两人商量，让一人先跨跳过水沟，将娃娃递送过去，另一人再跨跳过水沟。

3.幼儿比赛活动。教师观察与指导，并做好安全防护。

4.组织幼儿进行总结与评价。鼓励团结合作完成任务与敢于挑战的小组，并奖励小红星。

三、结束部分

师幼共同放松活动，整理材料。

八　踩高跷

活动目标

1.大胆运用高跷进行各种体育锻炼，发展创造力。
2.促进平衡、弹跳能力的发展，提高动作的协调性和灵活性。
3.感受与他人共同游戏的快乐，培养合作意识。

活动准备

自制高跷（竹筒高跷、奶粉罐高跷）、音乐、平坦场地。

> 活动过程

一、导入活动

1.听音乐做热身活动。
2.引导幼儿观察图卡——民间游戏走高跷，幼儿根据自己的发现进行交流。

二、基本活动

（一）探索高跷的秘密

1.出示各种材质的高跷，让幼儿自由探索。
2.自由玩高跷。
幼儿自由探索高跷的玩法，可以自己玩，也可以与几个小伙伴一块玩，鼓励幼儿想出不同的玩法。
3.教师请个别幼儿演示，并鼓励其他幼儿尝试这种玩法。

（二）高跷大冒险

1.讲解玩法。
将幼儿分成两组，从起点出发，幼儿两只脚踩在高跷上，两手分别抓住固定在高跷上的绳子，双脚交替往前走到小河边，走过独木桥，跨过障碍到达终点，先完成任务者获胜。
2.请个别走得稳的幼儿示范，引导其他幼儿发现并掌握动作要领。用脚底中心踩在高跷上，双手要拉直绳子，眼睛向前看。
3.幼儿游戏，教师做好观察与指导。

三、结束活动

1.放松活动：组织幼儿围成一个圆圈坐下，相互捏捏腿、捶捶背、揉揉肩等。
2.整理材料。

九　玩抛接

> 活动目标

1.初步掌握两人合作抛接球的基本方法。
2.在两人配合时能做到手眼协调、反应敏捷。
3.加强合作意识，体验合作的乐趣。

活动准备

自制纸球、材料框 4 个、音乐。

活动过程

一、玩纸球

1. 出示纸球，请幼儿想一想，纸球可以怎么玩？请幼儿示范自己的玩法，看谁的花样多。
2. 师幼互动，鼓励幼儿学习并尝试同伴的玩法。

二、游戏"你抛我接"

1. 分组活动。

把幼儿分为两组，各组面对面分别站在场地两条相距 2~3 米的线上，教师发口令，两组幼儿把自己手中的球抛向对面幼儿，对面幼儿再把球向对方抛过来。

2. 教师用铃鼓声作信号，铃鼓响，幼儿抛球练习；铃鼓停，幼儿停止抛球。游戏重复练习。

三、游戏"抛纸球"

1. 介绍游戏玩法与规则。幼儿分为四组，每人拿纸球抛进事先准备的框里，抛完后拿着纸球到队伍后面接着排队，进行游戏。
2. 竞赛活动。幼儿分四组，开始抛纸球，每队请一位小组长负责拾纸球。每位幼儿抛五个纸球，最后看看谁抛进框里的球最多，谁就是优胜者。然后依顺序，再开始游戏。

四、结束活动

幼儿整理场地上的报纸球，活动结束。

十 好玩的圈圈

活动目标

1. 引导幼儿对玩圈感兴趣，尝试用多种方法玩圈。
2. 学会练习钻、跳、平衡等基本技能。
3. 感受与同伴共同游戏的快乐，培养合作意识。

活动准备

自制沙包若干、废旧纸箱一个、呼啦圈、平衡木、小椅子两把、音乐。

活动过程

一、开始部分

师幼共同做准备活动。师幼每人一个呼啦圈，教师引导幼儿随音乐一起做圈操，活动身体各关节。例如：踏步，左右握圈看齐，举圈朝四个方向做简单易学的动作。

二、基本部分

（一）指导幼儿玩圈

1.鼓励幼儿自由玩圈，探索圈的各种玩法。请幼儿说一说自己是怎样玩圈的？并演示玩法，例如：滚圈、转圈、跳圈。

2.引导幼儿合作玩圈。例如：请幼儿把一个一个圈和身体套在一起，玩开火车的游戏。

（二）组织幼儿玩"运粮食"的游戏

1.游戏场景。

钻过山洞（将圈立起来，可用两把小椅子辅助），跨跳小土坑（两个圈紧挨着依次摆好），走过小桥（平衡木）到达粮仓（纸箱）。

2.介绍玩法。

请幼儿站一纵队，手拿沙包从起点出发，依次钻过山洞，跳过小土坑，走过小桥，将手中的粮食（沙包）送到粮仓，然后回到起点。

3.动作要求。

在钻山洞时，应把头低下，身子蜷缩成团。跳跨土坑时，应两腿半蹲，两脚并拢，双脚同时跳。走过平衡木时，应两个胳膊打开伸平。

三、结束部分

听音乐做小动物模仿操：小鸟轻轻飞、小鱼慢慢游、小兔轻轻跳、小猫走路静悄悄等。

十一　趣玩大花绳

活动目标

1.利用大绳，带领幼儿进行多样游戏，锻炼幼儿的走、跑、跳、平衡和协调能力。

2.让幼儿在游戏中，体验玩绳子的乐趣。

活动准备

自制花布长绳一条，麻绳、短绳多条，音乐。

活动过程

一、开始部分

1.教师带领幼儿在音乐声中进行头部、上肢、下肢等热身运动，让幼儿在积极主动的活动中锻炼四肢的肌肉、关节。

2.玩游戏"空气小球"引导幼儿四散指向跑。

二、基本部分

（一）幼儿探索大绳的玩法

活动一：走钢丝。

教师及助教带领幼儿听音乐从绳子两端向绳子中部练习平衡走，并站在绳子上做各种平衡动作。

活动二：踩浪花。

教师及助教分别拿住绳子两端，不停摆动绳子及向前跑动，请幼儿自由追逐踩浪花（播放音乐）。

（二）合作大体验

1.介绍游戏玩法。

幼儿从起点出发走过绳小路，来到绳桥下，用力向上跳并抓住绳子向前走到下一站，把绳子跨在胯下作骑马状，双脚并拢向前跳到终点，先完成任务者获胜。

2.幼儿合作游戏，教师观察与指导。提示幼儿：走绳小路时双脚必须踩着绳走，骑马时必须双手握绳双脚并拢跳，不和同伴碰撞。

3.分享与交流活动。

三.结束部分

1.组织全体幼儿骑小马围成圆圈坐在地毯上，做各种放松运动。

2.活动结束，整理玩具。

十二　挥臂投投乐

活动目标

1.学习挥臂投掷，初步尝试左右手交替将纸球向前上方投出。
2.在观察、讨论中探索出投得更远的方法。
3.学会合作游戏，并能够遵守规则。

活动准备

自制纸球若干、轮胎、支架、音乐。

活动过程

一、开始部分

（一）热身活动

师幼一起有序活动身体各个部位：头颈、肩膀、上肢、腰部、膝盖、脚腕、手腕等，重点活动上肢与手腕。

（二）探索扔纸球的方法

1.出示纸球，引发幼儿的活动兴趣。
引导幼儿把纸球当成"手榴弹"投出去，右手投一投，左手投一投，两只手都试试。
2.幼儿自由探索，教师个别指导。
教师重点观察幼儿投手榴弹的方法，鼓励幼儿用不同的办法扔，并引导幼儿分别用左右手尝试。
3.总结投手榴弹的方法，在区别投、挥、抛三个不同动作的基础上练习投手榴弹。

二、基本部分

（一）分组练习肩上挥臂投掷手榴弹。

1.介绍游戏方法。
打靶：在地面上选一条横线站好，把手榴弹使劲投向墙上圆靶，看谁投得准。
投远：设置一条架高的红线，请幼儿站在地上的横线后面，把手榴弹用力投出去，注意必须让手榴弹从红线的上方飞过去，而不是从红线下面飞过去。
2.幼儿分组玩游戏，教师观察指导。重点指导投掷姿势：将纸球握在手中并置于肩上，向前上方投掷。

（二）合作游戏：炸碉堡

1.介绍游戏玩法及规则。

幼儿闭上双眼蹲下，听到"预备、开始"的口令后，立即站起来从旁边篮子里拿出手榴弹向对面的轮胎碉堡用力投出去，直到把所有手榴弹都投完。看谁投得准。

2.幼儿游戏：教师根据游戏情况调整战壕与碉堡间的距离。

三、结束活动

教师有针对性地组织幼儿做放松上肢与手腕的活动。

十三　快乐大挑战

活动目标

1.能根据所提供的材料进行创新组合，探索出新的运动项目。
2.通过运动发展幼儿思维、创新能力。
3.幼儿喜爱参加体育锻炼，养成运动的好习惯。

活动准备

自制纸球、布棒、梯子、轮胎、绳等。

活动过程

一、导入活动

1.师幼共同热身活动。
2.谈话引出主题，激发幼儿的活动兴趣。

二、基本活动

（一）介绍我喜欢的运动

1.鼓励幼儿交流知道的运动方式及运动器械的玩法。（请说说你都做过哪些运动？）
2.幼儿探索活动。
出示部分运动材料及器械，鼓励幼儿用活动场上的材料组合进行运动，玩出创新。
3.经验分享与交流。启发幼儿说出布棒、梯子、圈、平衡木等器械都可以怎样玩，还有哪些不同的玩法。

（二）引导幼儿制定口头运动计划

1.引导幼儿介绍自己的运动计划，包括运动器械和运动内容。
2.总结幼儿运动计划，共同设计运动项目。

（三）游戏：快乐大挑战

1.师幼共同设置活动场景。
用布棒拼搭成多格房子，梯子与轮胎组合成小桥，绳子摆放成S形小路。
2.介绍玩法。
将幼儿分成相同人数的两组，用双脚跨跳与双脚并拢跳的方式交替跳完房子，爬过梯子小桥，在规定的间距内依次将4个纸球投向篮子，然后走完S形小路到达终点，先完成任务的一组获胜。
3.幼儿合作游戏。教师巡回观察幼儿的完成情况，适时地给予帮助和指导。提醒游戏中的安全问题。

三、结束活动

1.师幼共同做放松活动。
2.材料、器械归类与整理。

十四　助人小伙伴

活动目标

1.发展幼儿手脚着地及负重着地爬的能力，锻炼四肢力量。
2.通过活动发展幼儿的灵敏性、协调性。
3.培养幼儿互相谦让、学会等待、助人为乐的良好品质。

活动准备

自制纸球、自制纸箱地道、布袋、布娃娃、玩具筐、长短不一的绳子、音乐。

活动过程

一、准备活动

1.师生一起做动物模仿操。
2.教师介绍活动内容，提出要求：手脚着地爬。
3.幼儿自由探索爬行的方法。

在教师引导下幼儿动脑筋在场地中用各种方式爬行，如往前爬，往后爬，往左爬，往右爬，曲线爬，旋转爬。

二、基本活动

（一）听信号练习各种方式爬

1.听信号按照绳子摆放的线条爬行。

幼儿往前爬过长绳、向右爬过短绳子、曲线爬过 S 形绳、再倒着爬到规定的地点。

2.幼儿背娃娃听信号爬行。

指导幼儿背着布娃娃，向左爬、向右爬、曲线爬，旋转爬。提示爬行时保护娃娃不要掉下来。

3.交流讨论。

手脚着地徒手爬及负重着地爬有什么不一样？鼓励幼儿根据自己的爬行经验，大胆表达自己的爬行方法，分享背着娃娃爬行的技巧并进行示范。

（二）游戏："助人小伙伴"

1.松鼠妈妈采集了许多果子，准备背回大树洞里存放过冬，需要小伙伴们帮助把果子背回去，在背果子的路上会有很多障碍，大家一起努力！

2.介绍游戏规则。

将幼儿分成数量相同的两组，每一组的起点和终点各安排一半幼儿。游戏开始：幼儿手脚着地从起点徒手爬过地道（纸箱），把小纸球装进布袋里，封好布袋口并背在背上向前爬行，向左爬过小河（绳子）到达松鼠妈妈处，取下果子，把布袋传给下一个伙伴跑回起点，接力背果子，速度越快、背得越多的一组获胜。

（提示：每次背果子越多越好，最终计算果子的总数。）

3.幼儿游戏，教师巡回指导，做安全提示，表扬不怕困难、学会等待、助人为乐的幼儿。

三、放松活动

1.幼儿坐在泡沫垫上做放松运动：揉揉肩、捶捶背、捏捏腿。

2.合作整理材料。

十五　好玩的竹竿

活动目标

1.能探索发现竹竿的多种玩法，发展幼儿的弹跳能力。

2.了解跳竹竿游戏的来历，尝试用不同的节奏跳竹竿。
3.体验与同伴合作游戏的快乐，提高幼儿的合作能力。

活动准备

自制玩具长竹竿，短竹竿、短木棍若干，音乐。

活动过程

一、导入活动

1.师幼热身操。

2.快乐小竹竿体验活动。

幼儿人手一根竹竿或木棍（长短不一）随音乐骑大马入场，幼儿随音乐利用竹竿、棍棒进行队列练习，然后再随音乐的变化骑马变双圆—大圆—小圆—坐马车。

3.交流分享，幼儿分享骑马的乐趣。

二、基本活动

（一）探索竹竿、棍棒的多种玩法

1.引导幼儿利用竹竿、棍棒进行"一棒多玩"，鼓励幼儿独立玩、多人玩等游戏，并简单介绍民间游戏"跳竹竿"的来历。

2.交流、总结竹竿、棍棒的新玩法。幼儿展示自己探索出的新玩法，如挑担、跳竹竿、多人合作划小船、抬花轿、练武术、铺小路等。

（二）幼儿玩"跳竹竿"游戏

1.有趣的节奏。

方法一：两人合作学用××的节奏型敲打竹竿。

方法二：两人合作学用×× ×× ×的节奏型敲打竹竿。

方法三：幼儿多人一组尝试用× ×的节奏打竹竿、跳竹竿，体验跳竹竿的快乐。

2.鼓励幼儿创造性地玩"跳竹竿"游戏，师生共同参与。

3.集体竹竿舞。

引导幼儿用竹竿摆成好看的队形，听音乐跳竹竿舞，尝试用不同队形跳竹竿舞，感知民间游戏与竹竿创新游戏的乐趣。

三、结束活动

1.鼓励幼儿学会延伸，在生活中不断尝试、发现、再尝试、再发现，用各种方法玩竹竿。

2.放松活动。

十六　红蓝小勇士

活动目标

1. 提高身体动作的协调性，增强身体的综合素质。
2. 增强参加体育锻炼的勇气。
3. 体验合作游戏的快乐。

活动准备

废旧红蓝色布带、废旧轮胎、沙包、小椅子、玩具筐、音乐。

活动过程

一、准备活动

1. 师幼随音乐进行热身活动。
2. 谈话导入，激发幼儿兴趣。

二、基本活动

（一）活动任务

1. 布置活动场景。
2. 角色分配：把幼儿分成两队，在女生头上系上红色布带、在男生头上系上蓝色布带，扮演勇敢者，开展活动。

（二）幼儿体验活动：红蓝小勇士

1. 介绍活动玩法：红蓝小勇士从起点出发，把沙包顶在头上走过桥墩（椅子），并把沙包放入玩具筐中。跨过小溪（轮胎内圈），然后走过独木桥，迅速攀爬到城堡（大小建构玩具搭建）上面，再从场地两侧返回。
2. 介绍游戏规则：顶沙包过桥墩时，沙包不能掉下来，跨过小溪时，双脚必须跨到轮胎圈内，爬城堡时注意安全。
3. 幼儿游戏：勇敢者前进。红蓝两队幼儿分别排成一列纵队，听口令同时从起跑线出发，完成任务后迅速从场地两侧返回，先回到起跑线的队伍获胜。游戏反复进行。
4. 活动小结。鼓励幼儿大胆分享自己的活动经验，重点分享自己是怎样战胜困难、完成任务的。教师作出总结。

三、结束活动

幼儿合作整理材料，放松活动。

十七　手臂夹球走

活动目标

1. 尝试两两配合手臂夹球与横向运球的基本技能。
2. 培养幼儿上下肢身体协调能力和灵活性。
3. 提高幼儿的团结合作水平，体验体育活动的乐趣。

活动准备

自制纸球（或皮球）2个、球筐、音乐《健康歌》。

活动过程

一、导入活动

播放音乐《健康歌》，让幼儿根据音乐自由地做身体舒展活动，引导幼儿做各个关节的活动。

二、基本活动

（一）兴趣导入

1. 小球玩起来。

提供活动材料，幼儿自由选择材料和小球玩一玩，教师做好观察与指导，及时捕捉幼儿的创新玩法。（要求：所选择的每一样材料必须配合小球一起玩。）

2. 提出问题，激发兴趣。

点明主题，师幼共同示范。要求幼儿仔细观察：游戏中我们是怎样走路的？了解螃蟹横着走的特点。

3. 幼儿尝试练习螃蟹走。

（二）游戏活动：与球宝宝共同做游戏。

1. 出示纸球或皮球，请两个小朋友用背夹上球学一学螃蟹走路，试一试怎样做球既不掉下又走得快。引导幼儿手拉手，同时用力夹着球，同时迈步，两个夹球的幼儿要一样高。

2. 活动小结。

在游戏的过程中两个小伙伴要齐心合力、相互配合，在迈步时小伙伴可以喊着口号，这样就能做到同时迈步，同时停止。

3. 介绍游戏的玩法。

将幼儿分成两队，每两人一个小组，站在同一条起点线上，手拉手，用力夹着球，听到信号口令后横着前行。到达终点后原路返回，交给下一组小伙伴，依次进行，最先完成一轮的队伍获胜，途中皮球掉下来，应放回身体原位继续前进。

4.游戏开始。教师发出指令，幼儿出发。游戏过程中，教师要随时指导幼儿注意活动安全，保证游戏的顺利进行。

三、结束活动

1.游戏评价。游戏结束后，对配合默契的幼儿进行表扬、鼓励。
2.幼儿听音乐做放松活动。

十八　勇炸碉堡

活动目标

1.锻炼投掷、钻爬和平衡的技能，提高身体的协调能力。
2.激发幼儿敢于探索、不怕困难、勇敢拼搏的精神。
3.幼儿喜欢参加体育活动，遵守活动规则。

活动准备

自制沙包、平衡木、运动垫子、拱形门、大型积木、音乐。

活动过程

一、准备活动

教师带领幼儿随音乐入场，随音乐学做解放军叔叔打仗时的动作：打枪、放炮、望远镜、投手榴弹、敬礼等。

二、基本活动

（一）自由探索各种玩法

1.个人探索单项材料玩法。
提供多种运动材料及器械，请幼儿选择一种材料进行单项练习。幼儿分享自己的玩法，并进行示范。
2.小组探索材料组合玩法。
请幼儿多人合作选择多种材料进行投掷、钻爬和平衡等组合练习。鼓励小组分享玩法，并进行示范。
3.幼儿再次探索，分散练习钻、爬、平衡投掷等基本动作。

（二）游戏：勇炸碉堡

1.讲解游戏的玩法。

将幼儿分成两队，游戏开始，小战士走过小桥（平衡木），爬过草地（运动垫子），钻过地道（拱形门），然后拿起炸弹（沙包）扔向敌人碉堡（积木搭建），再从两侧跑回自己的队伍后面。第二名小战士看到前面的队员走过小桥后方可出发，依次循环进行。

2.介绍游戏规则。

在活动中，过小桥、爬过草地、钻过地道时，身体不能离开运动器械，炸碉堡时必须向设置好的碉堡投去，要求投准。

3.教师示范完整的动作，引导幼儿仔细观察。

4.幼儿活动，提醒幼儿注意活动规则及安全。

三、结束活动

音乐放松活动《学做解放军》，材料整理。

十九　摘果子

活动目标

1.大胆探索竹梯的不同玩法，发展攀爬、跨跳等多种能力。
2.体验创造性玩竹梯及游戏的成功与满足。
3.培养幼儿齐心协力，合作完成任务的精神。

活动准备

自制玩具竹梯、篮子4个、墙上可摘取的水果图卡、音乐。

活动过程

一、准备部分

师幼随音乐做各种律动：摘果子、收割稻子、摘棉花、抱西瓜、擦汗等各种动作。锻炼头部、颈部、手腕等动作。做好准备活动。

二、基本部分

（一）尝试竹梯的多种玩法

1.教师提供竹梯，请幼儿探索竹梯的多种玩法，请幼儿试一试在竹梯上面可以做什么运动。

2.幼儿大胆尝试，教师鼓励幼儿跨跳平放竹梯、爬平放的竹梯、攀爬竹梯等，鼓励幼儿探索新的玩法。

3.探索竹梯新玩法，引导幼儿练习攀爬竹梯。

预设问题：王奶奶家果园的果子成熟了，需要小伙伴帮忙摘果子，果树较高，我们要怎么才能把果子摘下来呢？

幼儿合作，攀爬竹梯。鼓励胆小幼儿勇敢攀爬，并请能力强的幼儿做示范。

（二）比赛活动：摘果子

1.介绍比赛规则。

将幼儿分成 4 组排队站好，幼儿依次出发，跳过障碍物（跨跳平放竹梯），渡过小河（爬平放的竹梯），爬上梯子去摘果子，将摘下的果实放到地上的小篮子里后，迅速跑回与下一个幼儿击掌，下一个幼儿再出发。比比看哪组小朋友果子摘得最快。

2.幼儿合作游戏，教师观察指导。要求：一次只能摘一个果实，一个一个依次攀爬竹梯。

三、结束部分。

游戏结束，放松身体练习，整理活动材料。

二十　好玩的塑料布

活动目标

1.根据塑料布的形状，探索不同的玩法。
2.在快乐的游戏氛围中锻炼跑、跳、爬、钻等基本动作。
3.激发游戏的兴趣，体验合作游戏的快乐。

活动准备

自制塑料布环保时装 5 套、各种规格的彩色塑料布、音乐。

活动过程

一、开始部分

1.热身活动：塑料布时装秀。

全体幼儿围成一个圆圈，5 名幼儿穿着塑料布时装走秀，全体幼儿自由活动肢体。

2.感知彩色塑料布：幼儿围坐在塑料布旁，摸一摸，说一说。

二、基本部分

(一) 感知塑料布的特点

1.启发幼儿根据塑料布轻、软、滑的特点，探索改变塑料布大小和形状的方法。

2.启发幼儿和塑料布玩一玩：教师指导幼儿：爬、滚、跑、钻，并及时纠正幼儿的基本动作。

(二) 塑料布变、变、变

1.引导幼儿探索形状和大小改变后的塑料布的玩法：启发幼儿尝试用折、叠、团、卷等方式将大塑料布变窄、变圆等。

探索一：渔网。

引导幼儿合作玩一整块塑料布。启发幼儿把塑料布想象成帐篷、雨伞、渔网等，幼儿在其中自由运动、游戏。

探索二：跨跳宽、窄塑料布。

引导幼儿探索将大塑料布变窄变小的方法，幼儿尝试将塑料布对折1～2次，改变其大小。教师根据幼儿能力的不同，引导幼儿合作练习跨跳宽塑料布或窄塑料布。

探索三：幼儿合作游戏（大大卷）。

每个幼儿紧贴着塑料布，一手抓住塑料布的一边，边念儿歌边开心地向同一方向卷塑料布。（儿歌：转转转，向里转，转成一个大大卷；转转转，向外转，转成一个泡泡糖）。

2.交流与分享。

三、结束部分

师幼听音乐做放松动作，结束本次活动。

二十一　会变的竹圈

活动目标

1.学习单脚、双脚交替跳以及手膝着地钻爬的技能。
2.通过玩圈让幼儿感受游戏活动的快乐。

活动准备

自制竹条圈若干（或呼啦圈）、音乐。

> 活动过程

一、准备活动

教师带领幼儿随音乐做各种有趣的动作，进行游戏前的身体各关节活动准备。

二、基本活动

（一）玩圈游戏

1.自由探索圈的玩法。

鼓励幼儿大胆想象，教师注意观察幼儿有哪些玩法，适时引导幼儿。

2.幼儿交流玩圈的方法：滚圈、转圈、套圈、跳圈等。

（二）有趣的圈圈

1.介绍各种圈的玩法。

活动一：跳圈。

将圈放在地上，摆放出不同的图案，幼儿练习单脚、双脚交替跳。

单脚跳动作要点：左腿微屈靠在右腿内侧，身体稍前倾，右腿用力起跳，轻轻落地。

双脚跳动作要点：双腿微屈、体稍前倾，双腿用力起跳，双腿同时轻轻落地。

活动二：带圈走跳。

双膝伸直，脚套在圈里分开撑住圈向前走跳，不让圈掉下来。

活动三：投掷钻爬。

幼儿拿圈进行滚圈、钻圈比赛。动作要领：保持滚圈动作的直线方向性。

2.幼儿分组练习玩圈，教师观察与指导。

三、结束活动

根据幼儿的活动量自由结束。

二十二　废纸大变身

> 活动目标

1.引导幼儿根据材料训练助跑跨跳的技能，探索新玩法。

2.发展幼儿身体动作的协调性、灵敏性。

3.培养幼儿遵守活动规则的意识，提高幼儿与同伴合作游戏的意识。

> 活动准备

自制纸球、纸棒若干、篮子、音乐。

> 活动过程

一、导入活动

1.音乐情境导入，激发幼儿活动兴趣。
2.纸棒金箍棒：带领幼儿做耍棒、爬山、采果、眺望、挠痒等孙悟空的动作。

二、展开活动

（一）引导幼儿探索纸棒

1.提供材料，引导幼儿自由练习。

教师引导幼儿分散自由玩纸棒，比一比谁的办法多。如双脚立定跳过纸棒、用手顶纸棒、击剑、助跑跨跳纸棒等。

2.引导幼儿进行动作练习。

引导幼儿把纸棒摆成小河，跟着老师一起来学习跨过小河。讲解动作要领：两手半握空拳，屈肘于体的两侧，距小河5—8步，跑到小河前，一只脚用力蹬地，另一条腿跨跳过小河，单脚落地，保持平衡。

3.教师巡回指导，帮助能力较弱的幼儿。

（二）引导幼儿游戏活动

1.设置游戏场景。

分别用纸棒摆放几条20厘米、30厘米、40厘米宽的小河，在每一条小河边分别放上一堆果子（纸球）。

2.介绍游戏规则及玩法。

将幼儿分成两组，分别从起点跑步通过纸棒小路，来到小河边，单腿跨跳过小河，把果子（纸球）装进篮子里，从侧面跑回到起点后，与下一个伙伴击掌，继续运果子。运果子最多的一组获胜。

3.幼儿合作游戏，教师观察与指导。

幼儿可自由选择不同难度的小河运果子，每次的果子运得越多越好。

三、结束部分

1.教师简单总结与评价。
2.带领幼儿放松身体，活动自然结束。

二十三 能干的聪明娃

活动目标

1. 尝试运用身体各部位探索球、圈、泡沫板器械的多种玩法。
2. 提高对身体各部位运动功能的认知。
3. 幼儿乐意参与身体探索运动，体验集体运动的乐趣。

活动准备

自制纸球、竹圈、泡沫板、玩具筐若干、音乐。

活动过程

一、开始部分

1. 热身活动，幼儿跟着教师随音乐模仿小猪洗澡的动作。
2. 结合卫生习惯教育，开展简单的谈话活动。

二、基本部分：探索活动，体验乐趣

（一）指导幼儿用身体各部位探索玩球

1. 出示纸球，幼儿自由探索。

要求：把活动场的球从一端运到另一端，鼓励幼儿开动脑筋，运用多种运球的方法进行探索。

指导要点：用手抛接球、用头滚球、脚交替带球走。

2. 探索用肚子玩球的方法。

指导要点：启发幼儿两两合作用肚子夹住球向前走。

（二）用身体各部位探索泡沫板的玩法

1. 出示各种规格的泡沫板，引导幼儿自由探索。

指导要点：用头顶泡沫板、用肩膀托住泡沫板、弯腰用背托住泡沫板走、爬，手腿并用在泡沫板上匍匐移动等。

2. 幼儿分享活动。

（三）用身体各部位探索圈的玩法

指导要点：用身体躯干钻圈；双腿张开，用膝盖顶住圈走；用臀部转圈。

（四）交流与分享

根据幼儿自由选择的器械，分享用身体各部位玩球、圈、泡沫板等三种器械的方法，并做示范。

三、结束部分

带领幼儿一起做身体各部位的放松运动，整理材料。

二十四　小鸡快快跑

活动目标

1. 练习听信号助跑跨跳，绕过障碍。
2. 热爱体育运动，培养幼儿的合作能力。
3. 体验合作游戏中的关爱之情。

活动准备

自制鸡妈妈头饰一个、小鸡头饰若干、老鹰头饰四个，可乐瓶，椅子，音乐。

活动过程

一、准备活动

1. 引导幼儿学儿歌。

一二三四五六七，一群小鸡做游戏，叽叽叽，叽叽叽，跑来跑去真欢喜，东啄啄，西啄啄，小虫吃到嘴里去，乐得心里甜如蜜。

2. 角色游戏：鸡妈妈和小鸡。

老师戴头饰扮演鸡妈妈，幼儿戴小鸡头饰，听音乐做准备运动。结合儿歌内容引导幼儿四散走走、跑跑、蹲下捉虫等动作。

二、基本活动

（一）幼儿自由探索活动

1. 小鸡练本领。

鸡妈妈带着小鸡去草地捉虫子，路上要跨过栅栏（可乐瓶），绕过小树林（椅子），一定要小心，不要碰倒栅栏也不要碰倒小树。教师边讲解边适当示范。

2. 布置场景，幼儿自由练习，教师做好观察，巡回指导。

（二）幼儿游戏活动（情景游戏）

1.介绍游戏玩法。

一群小鸡正在草地上捉虫子，突然几只老鹰飞来了，鸡妈妈马上发出信号："小鸡快跑，老鹰来了。"听到妈妈发出"老鹰来了"的信号时，小鸡们快速跨过栅栏，绕过树林来到妈妈身边躲藏起来，不要让老鹰捉住。

2.幼儿游戏：老鹰来了。

游戏开始，请四名幼儿扮老鹰，其余幼儿扮小鸡。鸡妈妈带领小鸡边念儿歌边捉虫子。当看到老鹰时飞来，教师根据老鹰的行动不断发出信号，小鸡们根据信号出来散步或赶快奔跑着躲藏起来，在抓到2~3只小鸡后，小鸡与老鹰对换角色。

3.分享与交流游戏经验，教师做简单总结。

三、结束活动

鸡妈妈和小鸡随音乐做放松活动，离开场地，整理材料。

二十五　巧玩纸棒

活动目标

1.利用纸棒练习助跑跨跳，发展幼儿身体动作的协调性。
2.大胆探索纸棒的不同玩法，在游戏中感受小组合作的快乐。

活动准备

自制彩色纸棒（红、绿、黄、蓝四种）、纸球若干、音乐、一张统计表、游戏大小标记、奖牌。

活动过程

一、开始部分

进入场地，活动身体。教师带领幼儿随着音乐做准备活动：上举、下蹲、弯腰、踢腿、蹦跳等动作。

二、基本部分

（一）探索纸棒的不同玩法

1.小组合作玩棒，探索纸棒的不同玩法。

幼儿发言讨论玩纸棒，教师引导："老师有个要求，请你找和你拿相同颜色纸棒的小朋友组成一个小组，每一组小朋友一起来玩纸棒。"

2.幼儿游戏，教师指导。

教师鼓励幼儿大胆表述，促进同伴间互相学习能力的发展。

3.请部分幼儿示范纸棒的各种玩法。

请幼儿介绍自己玩纸棒的方法，并作示范：学耍金箍棒、在手心里保持平衡、骑马快跑、双脚立定跳小沟、赶小猪、纵跳触棒、击剑、从棒上跳过、两人扛棒跑等。

（二）学习动作：助跑跨跳

1.介绍动作要领：两手握紧拳头，放在身体的两边，站在小河的前面一段距离，再跑到小河前，一只脚用力蹬地，另一只脚跨跳过小河，一只脚落地，保持平衡。

2.幼儿分成四组进行依次跳过小河，幼儿集中连贯练习，一个跟着一个。教师随机观察，指出不正确的动作，再依次进行练习。

（三）游戏：我的本领最大

1.介绍游戏玩法。

将幼儿分成四路纵队，从起点开始，红、黄、蓝、绿四组用纸棒分别赶着相同颜色的纸球进球门后，双脚连续跳过小河，跑过小路，最后跨跳过桥墩。先完成任务的小组获胜。

2.介绍比赛规则。

比赛以小组为单位进行，分为红、黄、蓝、绿四组，每组派6名运动员参加。把游戏的标记挂在胸前，比赛时根据情况把得分记录在标记牌上，游戏结束进行统计，得分数最多的小组颁发金牌。

3.幼儿游戏，教师做好观察与指导，提示游戏中注意安全。

三、结束部分

幼儿随音乐做放松运动，活动自然结束。

二十六　小猫钓鱼

活动目标

1.发展幼儿腿部力量及平衡能力，提高跳跃能力。
2.锻炼幼儿助跑、跨、跳、钻、平衡等综合能力。
3.培养幼儿认真耐心、不怕苦的精神。

活动准备

自制小猫头饰、拱形洞、跨栏、平衡木、小椅子、音乐、磁性钓鱼竿、磁性小鱼、水盆。

活动过程

一、开始活动

1.教师戴上小猫头饰扮猫妈妈,带领一群小猫随音乐做热身活动,活动身体各部位。
2.用故事"小猫钓鱼"导入,激发幼儿兴趣。

二、基本活动

(一)练习由高处往下跳

1.自由探索由高处往下跳的动作。

讲解动作要领:站在小椅子的中间,两手前后摆动,由手带动身体,屈膝、半蹲、蹬腿、纵身往下跳,保持身体平衡,落地时前脚掌先着地,屈腿成蹲状,这样才会轻、稳、不会摔倒。

2.幼儿多次练习,教师巡回指导。

3.幼儿分享活动经验。

(二)游戏:小猫钓鱼

1.介绍游戏玩法。

幼儿分组进行钓鱼比赛,每组第一名幼儿扮小猫,从起点开始,翻越一座座小山(两把小椅子),从高处往下跳,钻过山洞(拱形洞),跨越小沟(跨栏),走过独木桥(平衡木),拿起鱼竿钓上一条鱼,再从侧路跑回与第二个伙伴击掌。依次进行,钓鱼最多一组获胜。

2.介绍游戏规则。

钻山洞时要爬行过去,要单腿跨越过小沟,不能碰倒跨栏,钻山洞时不能让拱形洞倒,以免造成危险。

3.幼儿游戏,教师观察与指导。

三、结束活动

活动评价。表扬获胜组,享受劳动成果。整理材料。

二十七　跳圈圈

活动目标

1. 练习单脚、双脚、左右脚交替等各种跳的能力。
2. 提高玩圈的兴趣，激发玩圈活动中的创造性。
3. 学习与同伴商量合作玩圈的方法。

活动准备

自制红灯、绿灯牌，各种规格的红色、绿色呼啦圈，音乐。

活动过程

一、导入活动

1. 引出主题，激发兴趣。

教师扮演司机，手拿呼啦圈作方向盘，带领幼儿在场地四周自由地边跑边开车。教师手举红灯、绿灯牌，用红灯停、绿灯行的口令为信号，控制幼儿的身体动作。

2. 谈话活动，讨论圈圈的玩法。

二、基本活动

（一）探索圈的不同玩法

方法一：单圈跳。

将一个圈平放在地，在圈里单脚或双脚跳进跳出。

方法二：多圈跳。

幼儿把圈排成一排，练习用单脚、双脚或左右脚交替等方法从圈的一端跳到圈的另一端。

方法三：带圈跳。

幼儿三四人一组，站在圈里，手拉手，用脚踏着圈向前快跳。

方法四：组合跳。

幼儿自由结伴，将圈摆在地上搭成各种图案，进行单脚或双脚连续跳，左右脚交替跳，左右脚开合跳等跳圈活动。

（二）游戏活动：跳圈圈

1. 介绍游戏玩法。

将幼儿分成红队、绿队两组，每组第一个伙伴开始单脚跳过圈圈小路，双脚跳过圈圈桥墩，再左右脚交替跳过圈圈房子，到达终点，下一个幼儿接着跳圈。先完成任务一组获胜。

2.幼儿游戏，教师做好观察与指导。教师及时纠正幼儿不规范的跳法，并提示跳跃中的安全问题。

三、结束活动

教师带领幼儿听音乐拿着呼啦圈，开着小汽车出场。

二十八　软软松紧圈

活动目标

1.培养幼儿上肢及下肢力量，训练身体灵活性。
2.提高玩软圈的兴趣，激发幼儿在活动中的创造性
3.培养幼儿交往，并与同伴合作游戏的能力。

活动准备

自制松紧带圈圈（大小规格不等10个），圈上粘贴彩色皱纹纸、小椅子4把、音乐。

活动过程

一、开始部分

教师带着幼儿随音乐做跳皮筋热身运动（边跳边念儿歌）。并引导幼儿交流和示范一人或多人跳皮筋的玩法，感知民间游戏的乐趣。

二、基本部分

（一）幼儿单人探索玩松紧圈

1.出示彩色松紧圈，要求幼儿必须一个人玩圈，教师观察指导。
2.幼儿分享，教师小结。
松紧软圈手上绕圈：幼儿将圈套在手指上，在胸前或头顶上绕。熟练后可边跑边绕，进行单脚跳着绕或原地绕。
拉弓射箭：右手食指钩住彩色松紧圈，左手拉直松紧带，向空中射出并接住。比比谁射得高，谁接到的次数多。
打气筒：将"彩色松紧圈"一边踩在脚下，双手用力拉另一边。嘴里可模仿打气的声音。

（二）幼儿双人探索玩松紧圈

1.出示彩色松紧圈，要求幼儿两个人玩圈。教师观察指导。

拉力器：把两个"彩色松紧圈"摆成十字交叉，幼儿面对面站成弓射箭步，双手伸平，轮流将圈向两侧拉送。

踩小蛇：两个圈拴在一起。一幼儿弯腰拖圈学蛇游动，另一幼儿则追着踩蛇。踩到后交换进行。

2.鼓励幼儿大胆表述一人玩松紧圈和两人玩松紧圈的不同感想、松紧圈与呼啦圈的区别等。

（三）幼儿集体合作玩圈：彩圈接力赛

1.介绍游戏玩法。

将幼儿分成两组，各请4名幼儿将松紧圈拉直，双手搭在腰部成山洞。每一组第一名幼儿从起点出发跑过松紧带S形小路，将圈拴绕在椅子上，与另一名幼儿击掌。第二名幼儿快速取下松紧彩圈，然后单腿跨跳过彩圈小河，弯腰俯身钻过松紧彩圈山洞，再跑回来，与第三名幼儿击掌后，接力重复完成以上任务，先完成任务的一组获胜。

2.幼儿游戏，教师观察指导，提示动作要领：钻山洞时不让松紧彩圈缠绕住自己的身体。

三、结束活动

教师带领幼儿做放松活动。

二十九　鞋盒好朋友

活动目标

1.探索鞋盒的多种玩法，促进幼儿创造性思维的发展。
2.掌握跨跳、爬行等基本技能，平衡身体机能。
3.学会协作和交往，促进幼儿社会性情感的发展。

活动准备

废旧鞋盒（人手一个）、运动垫子4个、装有若干小型玩具的筐4个、音乐。

活动过程

一、开始部分

教师带领幼儿拿着鞋盒随音乐热身活动。

二、基本部分

（一）初次探索鞋盒的不同玩法

1.幼儿自由玩鞋盒。

指导要领：双脚夹着鞋盒跳，双脚跳过鞋盒，单脚跨跳过鞋盒，头顶鞋盒走，背着鞋盒慢慢走，边走边拖着鞋盒。

2.幼儿相互交流玩鞋盒的方法，鼓励其他幼儿跟着玩一玩。

（二）进一步探索鞋盒的不同玩法

1.幼儿合作玩鞋盒。

指导要领：幼儿再次玩鞋盒，教师巡视指导，鼓励幼儿想出不同的玩法。在幼儿自由玩的时候，教师有意识地引导幼儿合作玩，可以将鞋盒摆成一定间距的直线，让幼儿绕鞋盒曲线跑或者是手脚着地屈膝爬等。

2.请小组相互交流不同的玩法，并学一学。

3.学习跨跳的技能，幼儿自由探索过山坡的方法。幼儿练习时，教师提示幼儿根据自己的能力选择不同高度练习跨跳。

（三）合作游戏：送玩具

1.介绍游戏玩法。

幼儿分成两组，从起点出发，单脚连续跨跳过小河（鞋盒），绕鞋盒曲线手脚着地屈膝爬过小山坡（鞋盒搭建），头顶鞋盒走到终点，再用鞋盒装玩具，从两侧跑步回起点，下一名幼儿接着完成任务。搬运玩具多的一组获胜。

2.幼儿游戏。分享合作游戏的经验，体验共同完成任务的喜悦。

三、结束部分

教师带着幼儿一起做放松活动。

三十　小胖猪减肥

活动目标

1.练习钻过一定高度的松紧带，发展侧钻的能力。
2.通过健身馆的游戏提高身体的协调性。
3.享受合作游戏的乐趣，愿意参加体育锻炼。

> 活动准备

自制猪妈妈头饰、废旧雪碧瓶若干、轮胎、运动垫、十张小椅子拉好的多根离地 60 厘米的松紧带、音乐等。

> 活动过程

一、开始部分

教师做猪妈妈，幼儿做猪宝宝，在音乐的伴奏下做"小猪操"（头部、上肢、扩胸、腹背、下肢等）。

二、基本部分

（一）师幼讨论减肥的办法（教师扮演猪妈妈）

导语："我是一头懒惰的小猪，每天吃了就睡，一点也不爱运动，现在的我越来越胖了，可怎么办呢？"（鼓励幼儿回答，例如：有少吃、去健身馆锻炼等）。

1.探索各种钻爬动作（小猪减肥的办法就是运动）。

让幼儿练习在离地 60 厘米的松紧带下练习各种钻爬，如正钻、侧钻、爬等。

2.幼儿分享并示范钻的方法：先伸出一条腿，然后将身体低低地从松紧带下移过去，再收回另一条腿。

3.场地上设置五根松紧带。幼儿分组进行侧钻练习。

（二）合作游戏：小猪胖胖减肥

1.游戏规则：到健身房选择自己喜欢的器械锻炼。

在活动场投放各种运动器械，让幼儿根据需要选择材料进行运动，可选择单种材料锻炼、可选择多种材料组合锻炼、可一人单独锻炼、可多人合作锻炼，达到锻炼减肥的目的。

2.幼儿分享锻炼经验，鼓励幼儿大胆讲述自己选择的材料及创造性玩法，并进行示范。

三、结束部分

1.总结谈话：要做勤劳、爱运动的好宝宝，不要学懒惰的胖胖猪。
2.放松活动。

三十一 布袋里的秘密

活动目标

1. 锻炼幼儿爬、跳、平衡等能力，协调身体。
2. 培养幼儿乐于参加体育锻炼的兴趣，并鼓励其尝试各种挑战。
3. 感知废物二次利用的价值，培养幼儿环保意识。

活动准备

自制纸球、广告条、布口袋若干、音乐。

活动过程

一、导入活动

1. 热身游戏：教师带领幼儿随音乐做热身活动。
2. 出示布口袋，请幼儿摸一摸，了解口袋里的秘密。

二、基本活动

（一）小口袋变魔术

1. 出示布口袋，引导幼儿仔细观察这只会变魔术的口袋，激发幼儿兴趣。
2. 让幼儿探索口袋玩法："想一想你想把小口袋变成什么？怎么玩呢？"
3. 幼儿听口令进行游戏。教师：口袋变变变，变成小袋鼠；幼儿马上进行袋鼠跳；口袋变变变、变成小背包；爬呀爬，幼儿马上背上口袋向前爬。

（二）合作游戏：口袋变变变

1. 介绍游戏玩法。

将幼儿分成两组，从起点出发，双脚放进袋子里，做袋鼠跳跳过一段小路，爬过山洞（广告条），背着果子（袋子内装有小纸球）到达终点，放下果子后返回起点，下一个幼儿继续游戏。背果子最多的一组获胜。

2. 幼儿游戏，鼓励幼儿齐心协力完成任务。
3. 活动小结。

鼓励幼儿分享游戏经验，感知口袋变化游戏的乐趣，同时让幼儿明白生活中任何一件废旧物品，都能作为运动的材料，以此增强幼儿的环保意识。

三、结束活动

教师带领幼儿一起围坐在布口袋上做放松活动。

三十二　小宝大闯关

活动目标

1. 激发幼儿玩圈创造性，提高幼儿玩圈的兴趣。
2. 学习与同伴商量合作玩的方法。
3. 喜欢运动，热爱体育活动。

活动准备

自制司机头饰、呼啦圈、音乐。

活动过程

一、开始部分

1. 角色扮演，活动身体。教师作司机，师生手拿呼啦圈为方向盘，听音乐开汽车进场。
2. 听音乐，手拿呼啦圈，师生一起做圈圈操。

二、基本部分

（一）提供材料，自由探索

1. 幼儿想出多种玩圈的方法，并亲自尝试，教师个别指导。
2. 教师仔细观察，邀请幼儿展示各种玩圈的方法。互相启发交流。

（二）探索多种玩圈方法

1. 单项玩圈，体现圈的多种可能性。幼儿5人一组，商量单项玩圈的方法。

爬圈：将圈立在地面保持平衡，幼儿侧身爬圈。

滚圈：将圈立在地上保持平衡，向前推滚出去又捡回来。

跳圈：将圈平放在地上，沿着圈的弧度顺时针圈里跳进跳出。

2. 游戏：小宝大闯关。探索多人玩圈的方法。

导语：小宝要去外婆家，要经过途中的三道关卡，让我们共同合作闯过关卡。

第一关：幼儿多人一组，幼儿右膝伸直，脚套在圈里分开撑住圈向前走，不能让脚上的圈掉下来，也不能用手帮忙拉着圈走，多人带圈一个接一个向前走。

第二关：把圈竖起，两脚依次踏着圈的边缘，侧向移动双脚，使圈向前滚动，集体踏圈走。

第三关：听口令幼儿一同逐个跳过摆在地上搭成各种图案的圈圈：玩圈方法为单脚

或双脚连续跳，左右脚交替跳等，最后来到外婆家。教师重点指导：如何与同伴商量合作玩的方法。

3.活动分享与评价。

三、结束活动

师幼做放松活动，活动自然结束。

三十三　巧玩垫子

活动目标

1.练习在运动垫上侧身前滚的技能。
2.提高动作的协调性、灵敏性和身体的柔韧性。
3.幼儿喜欢参加体育活动，激发敢于尝试、勇敢的精神。

活动准备

自制兔妈妈和小兔头饰、运动垫（或废旧纸板垫）4块、塑料玩具4筐、篮子、音乐。

活动过程

一、开始部分

情景导入激发兴趣，师幼热身活动。

二、基本活动

（一）引导幼儿自主探索游戏玩法

导语：兔妈妈要带小兔到大森林去采蘑菇，有一条沼泽挡住了去路，有什么办法可以过去呢？

1.出示运动垫，进行尝试。把垫子放在活动场当作沼泽地，请幼儿探索过河的办法，如跳、爬等。

2.教师示范"侧身滚"动作：伸展身体躺在运动垫子上，侧身向前滚动。

3.请幼儿练习尝试"侧身滚"，教师重点指导。幼儿要保持好身体的协调性，不要滚到垫子外面。

（二）比赛活动：垫上"侧身滚"

1.介绍玩法及规则。

将幼儿分成四队，幼儿扮演小兔子，到小河对面去采蘑菇。每一组第一只小兔子从起点出发，跑步过小路，侧身滚过沼泽地（垫子），跨跳过小障碍，来到小树林将采好的蘑菇（玩具）放到篮子里从垫子一侧跑回起点。第二只小兔继续完成任务。采蘑菇最多的一组获胜。

2.介绍活动规则。

幼儿在垫子上侧身向前滚，不要掉到水里去，采完蘑菇按制定路线返回。

3.组织幼儿在音乐声中进行游戏。

三、活动结束

教师带领幼儿做放松练习，活动自然结束。

三十四　双脚夹包跳

活动目标

1.学习双脚夹物跳，发展幼儿双脚向上跳的能力。
2.培养幼儿乐于参加体育锻炼的兴趣。
3.幼儿能勇于尝试各种挑战，有初步的竞争意识。

活动准备

自制沙包、椅子、垫子、音乐等。

活动过程

一、开始部分

师幼一起随音乐做热身活动。

二、基本部分

（一）引导幼儿自由探索沙包的玩法

1.练习平衡、爬、传、走、投等动作。
2.结合幼儿玩法，归类介绍沙包的常见玩法。

传沙包：坐在椅子上，将沙包从第一个幼儿头上向后传，最后拿到沙包的幼儿迅速跑到最前面，其他幼儿依次向后移。

过小桥：双手平托沙包走平衡木。

乌龟运粮：将沙包放在背上在垫子上学乌龟爬。

小蛇游：头顶沙包绕障碍走S形。
打沙包：用沙包练习投掷。

（二）学习双脚夹包跳起前掷的动作

1.教师示范并介绍动作要领。
2.幼儿示范，共同讨论。
3.集合，共同讨论出现的问题及解决方法，强化动作要领。

（三）游戏：小组接力赛

1.介绍游戏方法。
将幼儿分成两组，第一名幼儿头顶沙包，双手侧平举走过S形小路，双脚夹沙包跳过障碍（椅子），背着沙包爬过运动垫子，将沙包从侧面运回起点投向篮子里，与下一个伙伴击掌，继续完成任务。沙包运得最多的一组获胜。
2.游戏规则。
在游戏中，沙包不能掉在地上，必须站在线外顶点投掷。
3.幼儿游戏，教师做好指导，注意游戏的规则，鼓励勇敢、合作好的幼儿。

三、结束部分

师幼一起做放松活动。

三十五　玩转身体

活动目标

1.发展钻、爬、跑、跳能力，提高身体的协调性和敏捷性。
2.体验与同伴合作的快乐，培养幼儿勇于挑战的精神。
3.激发幼儿参加体育活动的兴趣。

活动准备

自制身体造型图卡、泡沫垫若干、音乐。

活动过程

一、准备活动

导入活动：听教师的指令完成任务。幼儿每人拿着泡沫垫子，脸朝上躺下后根据指令完成以下动作：举手、抬脚、用脚碰头；翻转身体屁股朝上，继续完成以下动作：两脚上抬，两手后伸，抱住双脚，脑袋后仰，尽量碰到自己的脚，把自己编成篮子。

二、基本活动

（一）双人游戏

1. 出示运动图卡，引导幼儿观察。
2. 利用小伙伴的身体进行组合玩游戏。

两人一组，根据指令相互配合，尝试以下动作：一个背和一个背靠在一起，两只脚和一只屁股靠在一起，四只脚和三只手靠在一起，面对面将同伴抱起，背靠背将同伴背起等。

（二）小组游戏

1. 启发幼儿利用小伙伴的身体玩创意游戏。

男孩排成一列分别面朝下平躺，双手前伸，女孩依次跨、跳过男孩身体。男孩两两并排平躺，双手前伸，女孩跨、跳过男孩身体。男孩手脚着地，弓起身体，变成山洞，女孩钻爬。

2. 幼儿分享实践经验。

（三）集体游戏

1. 场景布置。

4名幼儿排成一列分别面朝下平躺，双手前伸变成小河，6名幼儿手脚着地，弓起身体，变成山洞，6名幼儿任意站立，双手上举形成小树林。

2. 介绍玩法。

幼儿站成一排，听口令信号连续跨过小河，钻爬过山洞，来到山上穿越小树林，躲过障碍到达终点。然后从旁边绕回，排在队伍后面。游戏循环进行。

3. 幼儿按要求进行游戏。

三、结束活动

师幼一同念儿歌甩甩手臂，抖抖双腿，活动四肢，放松身体，做放松活动。

三十六　趣玩广告条

活动目标

1. 鼓励幼儿尝试用广告条探索多种玩法。
2. 发展幼儿走、跳、跑、钻等基本技能，锻炼身体灵活性。
3. 喜欢参加体育活动，体验合作游戏的快乐。

> 活动准备

废旧广告条若干（长短、宽窄不等）、滚筒、纸球、椅子、音乐。

> 活动过程

一、开始活动

教师与幼儿边听音乐边做动作，进行热身运动。鼓励幼儿做不同的动作。

二、基本活动

（一）感知广告条的不同特性，合理开展活动

引导幼儿交流与讨论，根据广告条的柔软、顺滑、长短、宽窄等特点，可以玩哪些运动？

（二）探索广告条的不同玩法

1.提供材料，鼓励幼儿自由探索广告条的玩法。教师观察及巡回指导。
2.请幼儿介绍自己的探索方法，并示范自己的玩法。

（三）游戏：广告条变魔术

1.场景设置。

将长长的广告条铺在地面做小路，将多条广告条固定在两侧椅子上做山洞，条与条间隔摆放成小河，较短的条做运物工具。

2.介绍游戏玩法。

将幼儿分成两组，听信号跑过广告条小路，钻爬过广告条山洞，连续跨跳广告条小河，绕过滚筒"大树桩"，用短的广告条将果子（纸球）背回到起点，与下一名伙伴击掌，继续接力游戏。

3.幼儿合作游戏，教师做安全提示，鼓励幼儿大胆分享合作游戏的经验。

三、结束活动

活动评价。带领幼儿捶捶腿，揉揉肩，放松身体。

三十七　梅花桩大变身

> 活动目标

1.通过双脚并拢跳、跨越跳过梅花桩，锻炼幼儿腿部肌肉的力量。

2.发展幼儿身体的协调性、创造性。
3.在合作游戏中培养幼儿协作克服困难的精神。

活动准备

自制奶粉罐（或竹筒）梅花桩若干、梅花桩跨栏 8 个、两篮子动物玩具、可以背的袋子 2 个、音乐。

活动过程

一、开始部分

听音乐，在教师带领下做热身操。

二、基本部分

（一）出示材料，引导幼儿探索玩法

1.幼儿自由玩梅花桩，幼儿玩出多种花样。

鼓励幼儿一人或多人自由玩梅花桩，教师适时进行指导。

2.幼儿集中交流玩法，将新颖有趣的玩法推广。鼓励幼儿交流分享自己的创新玩法，并进行示范。

（二）合作游戏：梅花桩大变身

1.场景设置。师幼一起根据梅花桩的特点，讨论设置活动场景，并将活动场景布置成两组。

第一场景：将梅花桩一个一个靠拢拼摆成 S 形，做小路。

第二场景：将梅花桩按一定规律摆放，桩与桩之间间隔 30 厘米，做小河。

第三场景：将两个梅花桩分开一定距离摆放，在两个桩上面放一根木棍作跨栏。

2.介绍玩法。

将幼儿分成两路纵队，从起点开始，走过小路，跨过小河桥墩，双脚并拢跳过跨栏杆，将小动物从侧面跑步背回起点，与下一个伙伴击掌，幼儿继续游戏。在规定的时间内背回的动物最多的一组获胜。

3.幼儿比赛活动，提醒幼儿注意游戏规则及安全。在比赛中，走过小路、跨过小河桥墩时，幼儿双脚不能落地，脚掉下来就马上回到桩上，跨栏时不能碰到桩上的木棍。

4.在游戏中增加难度，教师参与，教师带领幼儿将梅花桩两个重叠跳过去。

三、结束部分

利用梅花桩做放松活动，收拾整理场地。

三十八　小马运粮

活动目标

1. 锻炼跑、跳、爬、钻等基本动作。训练幼儿的身体协调性。
2. 学会听指令完成任务，提高幼儿处理多种指令的能力。
3. 激发游戏的兴趣，体验合作游戏的快乐

活动准备

自制小马头饰 2 个、拱形玩具 8 个、运动垫 4 张、轮胎 8 个、背包 2 个、音乐。

活动过程

一、导入活动

1. 教师带领幼儿随音乐做热身运动，重点活动膝关节和手腕。
2. 指导幼儿列队练习，彼此间要有一定的距离。

二、基本活动

（一）幼儿根据材料自由探索各种玩法

1. 个人探索单项材料玩法。

提供多种运动材料及器械，请幼儿选择一种材料进行单项练习。幼儿分享自己的玩法，并进行示范。

2. 小组合作探索多项材料组合玩法。

添加材料及运动器械，请幼儿多人合作选择多种材料进行组合练习。鼓励小组分享玩法，并进行示范。

3. 教师分解教授"小马"跑的基本动作，幼儿反复练习，力求做到让每个幼儿都做得标准。

（二）幼儿合作游戏：小马运粮

1. 介绍游戏规则。

将幼儿分成两组，每组第一匹小马戴上头饰、听到指令后马上作小马跑状跑过小路，钻过山洞（拱形门），跨过小河（轮胎），爬过山坡（运动垫），然后绕原路回，将粮食运到家里，将头饰及背包传给第二匹小马又继续出发。运粮食最多的一组获胜。

2. 教师示范完整的动作，引导幼儿仔细观察教师的动作。

3. 幼儿合作比赛，共同完成任务。教师进行指导，注意活动中的安全。

三、结束活动

评价比赛活动。放松活动，材料整理。

三十九 动物运动会

活动目标

1. 能协调地模仿小动物走路，训练动作敏捷性、迅速性。
2. 学习与同伴合作，体验合作成功的快乐。
3. 遵守纪律，培养游戏的规则意识。

活动准备

自制动物头饰若干（小鸡、小兔、小狗、螃蟹等）、自制运动会标牌、小红旗若干、椅子、音乐。

活动过程

一、开始部分

1. 热身活动：早上空气真正好。师幼边念儿歌边做相应的动作。
2. 围个圆圈走走。幼儿跟随老师一起边念儿歌走大圆圈："一二一，向前走，走成一个小皮球，一二一，向前走，走成一个大皮球。"

二、基本部分

（一）小动物模仿操

1. 幼儿分四路纵队，举着标牌入场，参加盛大的动物运动会，一起来做动物模仿操。参加的动物有小鸡、小兔、螳螂、螃蟹等。
2. 听口令合作玩"数脚游戏"。

教师问："小鸡、小鸡几条腿？"幼儿答："2条。"1名幼儿听口令模仿小鸡走。"小狗、小狗几条腿？"幼儿答："4条。"2名幼儿迅速合作变成相应数目的脚，并听口令模仿小狗走。"螃蟹、螃蟹几条腿？"幼儿答："8条。"4名幼儿迅速合作变成相应数目的脚，并听口令模仿螃蟹走。教师及时表扬合作快、模仿好的幼儿。

小结：幼儿自由讨论并尝试，教师用语言和动作引导幼儿合作。

（二）游戏：动物运动会

1.介绍比赛游戏规则。

幼儿模仿小鸡绕过椅子回到起点，速度快者获胜；两名幼儿合作模仿小兔跳到终点，速度快者获胜，其间兔头兔尾不能分开，要双脚跳。四个幼儿合作模仿螃蟹横着走，先回到起点者获胜。期间八只脚不能分开，不能跌倒。

2.幼儿合作游戏。幼儿站成圆圈，了解不同小动物走路的特点，知道小动物的腿的具体数量。

三、结束部分

1.发奖品（小红旗），分享成功的喜悦。
2.放松活动。

四十　小马盖房

活动目标

1.发展幼儿在沙中的跨跳能力。
2.鼓励幼儿发挥想象力和创造力，愿意与同伴合作。
3.通过大带小的合作形式，增强幼儿间的互帮互助精神。

活动准备

废旧广告条（长短、宽窄不等）、积木、小鼓一面、音乐。

活动过程

一、导入活动

小马散步：引导幼儿一个跟一个做"小马跑"的动作，教师敲起小鼓，要求幼儿根据鼓点的快慢改变跑的速度，以此活动幼儿肢体。

二、基本活动

（一）幼儿探索跨跳练习

1.教师示范跨跳动作，重点强调单脚轻轻落地。
2.请幼儿分散自由练习，鼓励幼儿在练习时学会保护自己。
出示各种规格的广告条，幼儿根据需要自由选择不同的规格进行探索，反复练习。

（二）鼓励幼儿大胆表述自己的探索经验（提示玩法）

方法一：将短短的广告条平铺作小河，幼儿单人练习跨跳。

方法二：将长长的广告条平铺作小河，幼儿多人同时练习跨跳。

方法三：将窄窄的广告条两条间隔一定距离平铺作小河，幼儿多人从一条跨跳到另一条上。

方法四：将长长的广告条平铺拼接成长方形或其他形状的路线，幼儿练习骑马跨跳。

（三）合作游戏：小马盖房

1.介绍游戏方法。

将幼儿分成两组，幼儿扮演小马，每两匹小马骑马跑经过长长的小路（广告条），跨跳过一条小河（广告条），再跨跳过两条小河（广告条），取回材料从侧面返回，下一名幼儿继续跨跳取材料。材料取完后，全体幼儿共同搭建房子。

2.介绍游戏规则。

跨跳时，必须按要求完成任务：先跨跳过一条小河（广告条），从布条一边跨跳到另一边，再跨跳过两条小河（广告条），从一条跨跳间隔到另一条上。

3.引导幼儿一起合作，互帮互助，帮小马盖一座又高又好的房子。教师做好观察与指导。

三、结束活动

1.小马们围着新房子快乐地随音乐做放松活动。

2.整理材料。

大班体育活动案例

一 巧玩瓶罐

活动目标

1.探索瓶罐的不同玩法,激发创新与合作的意识。
2.训练走、跑、跨跳的技能,发展幼儿动作的协调性。
3.培养幼儿在活动中勇敢挑战、团结协作的精神。

活动准备

奶粉罐、各种饮料瓶、纸球、小旗、积分卡、音乐。

活动过程

一、开始部分

师幼一起随音乐做热身律动。

二、基本部分

(一)第一次尝试玩瓶罐

1.提供各种瓶罐,练习一物多玩。引导幼儿一个人自由尝试玩一玩瓶罐,教师指导幼儿玩出与别人不一样的玩法。
2.鼓励幼儿大胆分享自己的玩法,并请部分幼儿进行示范,大家学一学。

(二)第二次尝试玩瓶罐

1.请幼儿多人一起合作玩瓶罐。教师观察与指导,鼓励幼儿的创新玩法。
2.请小组分享多人玩瓶罐的方法,全体幼儿跟着练一练。

(二)探索梅花桩的玩法

1.引导幼儿多人自由练习走梅花桩。
2.幼儿练习负重走梅花桩。为幼儿准备大小不同的瓶和壶,供幼儿练习,并按小组自由练习负重走梅花桩。

(三)比赛活动:瓶罐大比拼

1.介绍比赛玩法:将幼儿分成两组,听信号连续跨跳过瓶罐跨栏,抱着纸球走过小桥(奶粉罐梅花桩),跑过小山坡(瓶罐障碍),取到一面小旗,从侧面返回起点,将小旗插入罐中，与下一名伙伴击掌后，继续进行。获小旗最多的一组获胜。

2.介绍比赛规则。跨栏时，幼儿可以根据需要选择不同的瓶罐跨跳，背着物品过梅花桩时不能从桩上掉下来，取得一面小旗得一分，累计积分。

3.幼儿比赛活动。教师鼓励幼儿共同协作完成任务，注意活动中的安全。

4.总结与活动评价。教师鼓励幼儿在活动中的积极表现，鼓励获胜的小组，并奖励小红星。

三、结束部分

1.放松活动：敲敲小腿，捏捏小手臂，相互揉揉肩、捶捶背等。
2.整理材料。

二　小松鼠钻山洞

活动目标

1.探索钻、跳和走多种玩法，发展幼儿动作协调性、敏捷性。
2.幼儿喜欢体育运动，通过比赛感受胜利的喜悦心情。
3.幼儿间萌发相互合作的精神，促进其社会交往能力的发展。

活动准备

自制小纸球、小红旗、记分牌、拱形玩具、呼啦圈、平衡木、音乐等。

活动过程

一、开始部分

1.谈话活动，引出活动主题。
2.师幼热身活动。

二、基本部分

(一)幼儿自由练习

1.提供材料，引导幼儿自由选择材料单个练习。

导语：冬天要到了，我们要帮助小松鼠到外面找果子准备过冬，路途要钻过山洞才能找到食物，我们要先练好本领才行。

2.集体讨论：请个别幼儿示范并讲解钻的方法，教师对示范的幼儿给予表扬，并鼓励其他幼儿用刚才的好办法再去练习练习。

3.自由分散练习侧面钻。教师做提示：小手放膝盖，一蹲，二跨，三起，山洞钻过啦。

（二）幼儿集体练习

1.鼓励幼儿结合刚才的练习方法一起来练习侧面钻的本领。
2.鼓励幼儿相互交流讨论。

（三）比赛练习

1.比赛方法。

将幼儿成四队，红队、黄队、蓝队、绿队。要跳过小河（呼啦圈），钻过山洞（拱形玩具），走过独木桥（平衡木），来到树林里找过冬的粮食（小纸球），找到后再把它们搬回家中的粮仓里。与第二只小松鼠击掌后，第二只小松鼠才可以出发，如果途中犯规就扣1分，并在记分牌上记录，比赛结束再统计各小组的得分。

2.钻山洞游戏。

看看哪队运的粮食最多，速度最快，奖励一面小红旗。这说明他们组不但本领学得棒，而且团结合作的精神不错。

三、结束部分

1.活动评价。
2.放松运动，活动自然结束。整理材料。

三　跳格子

活动目标

1.培养幼儿平衡控制能力，学习单脚连续向前跳。
2.养成敢于挑战、不怕困难的意志品质。
3.培养团体合作精神，让幼儿体验游戏的快乐。

活动准备

自制小红星、地上画有格子图、积分卡、绳子、积木、音乐。

活动过程

一、准备活动

教师带领幼儿随音乐做运动。幼儿听信号，做动作：动动手，踢踢腿，跳一跳，跳过来玩一玩。

二、基本活动

（一）学习单脚连续向前跳

1.提出问题，激发兴趣。

引导幼儿观察地面格子："这是什么？像房子一样的，有许多的格子，每个格子里还有数字。你们想玩吗？"

教师示范：按数字的顺序一个一个跳，跳的时候不能踩到线。请大家来玩一玩，然后请告诉大家你是怎么玩这个游戏的。

2.介绍单脚连续向前跳的方法。

用一只脚来跳，另外一只脚不能踩到地上去，只要踩到地上就算犯规。

3.师幼一起跳一跳：教师纠正部分幼儿的不规范跳姿。

（二）比赛活动：运积木

1.介绍比赛规则。

比赛运积木，每一次运到一块积木，在积分卡上加一分，在规定的时间内得分最多的一组获胜，得到冠军的小组每人奖励一颗小红星。在比赛跳的时候，如果积木掉到地上算犯规，在积分卡上减一分。比赛结束计算总分。

2.介绍比赛方法。

将幼儿分成两组，第一名幼儿分别从起点跑过小路（绳子），单腿连续跨跳格子房，绕过障碍（滚筒），搬运积木，从侧面跑回，放下积木与下一名小伙伴击掌后，继续活动。

3.幼儿比赛活动。教师做好观察与记录，提示活动中的安全。

三、结束活动

1.幼儿活动分享，做好活动评价。

2.引导幼儿相互捶捶背，捏捏腿，做放松运动。整理材料。

四 翻滚乐

活动目标

1.初步掌握侧身翻滚的基本要领。

2.能积极探索垫子的不同玩法，增进创造性的运动思维。

3.培养团体合作精神，体验游戏的快乐。

> 活动准备

自制蘑菇图卡若干、小红花、运动垫、滚筒、材料篮、音乐。

> 活动过程

一、开始部分

教师带领幼儿在活动场上做踏步、立正、稍息等动作。师生共同在垫子上做热身操。

二、基本部分

（一）探索两块分开平铺的运动垫

1.探索在平铺运动垫上的各种爬的方法（一个人爬过垫子）。
2.幼儿讨论商议后找出好玩的方法进行侧身翻滚动作练习。

（二）探索两块合在一起的运动垫

1.幼儿探索各种玩法并交流、练习。请幼儿与好朋友两个人用侧身翻滚的方法过运动垫。
2.教师示范，幼儿每人练习一次拉手侧身翻滚，对表现好的幼儿进行表扬。

（三）游戏：采蘑菇

1.介绍比赛方法。

将幼儿分成两组，第一个幼儿钻进滚筒，然后用力滚过运动垫小路（要求幼儿借助滚筒用侧身翻滚的方法滚过小路），单腿跨过小河里的石头墩（梅花桩），用篮子将采到的蘑菇提着从侧面返回，下一名伙伴继续活动，采蘑菇最多的一组获胜。

2.介绍比赛规则。

比赛采蘑菇，在规定的时间内得分最多的一组获胜，采到一朵蘑菇在积分卡上加一分。在过河的时候，如果掉在河里则在积分卡上减一分。比赛结束计算总分。

3.幼儿比赛活动。

幼儿开始比赛，教师提示：借助滚筒滚过去，再走过小溪去采蘑菇。教师做好安全防护，并巡回观察与指导。

4.师幼共同统计蘑菇数量并奖励小红花。

三、结束部分

1.活动评价。
2.放松运动，活动自然结束。整理材料。

五　竹趣多多

活动目标

1. 探索竹玩具的不同玩法，提高幼儿思维能力及空间想象力。
2. 训练跑、跳、跨、绕、平衡等技能，发展幼儿动作协调性。
3. 在活动中培养幼儿勇敢、战胜困难的精神。

活动准备

自制竹玩具（竹筒、竹块、竹梯、竹竿、高跷）、沙包、积分卡、音乐。

活动过程

一、开始活动

热身活动：师幼共同随音乐做竹筒热身操。

二、基本活动

（一）自由探索，激发兴趣

1. 幼儿一人探索部分竹玩具的玩法。出示部分竹制玩具，幼儿一人自由探索玩法，教师巡回指导，记录幼儿精彩玩法。
2. 幼儿多人探索竹系列玩具的玩法。增加竹玩具材料，鼓励幼儿多人合作讨论、商量，探索竹系列玩具的玩法，教师观察记录。
3. 幼儿分享活动经验。请幼儿分享活动中的创新玩法，如跳竹竿、跨栏、迷宫、高跷等，并进行示范，教师做总结。

（二）师幼共同商量，深度探索

活动一：快乐独木桥。
玩法：将竹块纵向或横向搭建成直线或 S 线独木桥，幼儿一人或多人在独木桥上行走，训练幼儿的平衡力。

活动二：小兔跳跳。
玩法：将竹竿与竹筒组合，按直线、S 线、交叉线等不同规律摆放，幼儿一人或多人探索单脚跳、双脚跳等活动。

活动三：平衡挑挑。
玩法：将高跷的拉线挂在竹竿的两端，用其他竹玩具设置障碍，幼儿挑着竹筒进行过独木桥、绕障碍等活动。

（三）合作游戏：竹趣多多

1.介绍活动玩法。

将幼儿分成两组，听信号幼儿一个接着一个走过独木桥（竹块 S 线、竹梯组合），单脚跨跳过竹竿（交叉线），走过小河（竹筒梅花桩），挑着竹筒（筒内有沙包）到达终点，将沙包投进大筐内。投进的沙包最多的一组获胜。

2.介绍活动规则。

跳竹竿时不能将竹竿碰掉在地。挑沙包时，一次只能挑两个，不能多挑。每组挑的沙包累计积分，记小组总分。

3.幼儿合作比赛。教师观察指导，并做好安全防护。

三、结束活动

1.总结与评价。鼓励合作游戏、勇敢挑战的小组。
2.放松活动，活动自然结束。

六　勇战敌机

活动目标

1.尝试爬升、伏击、空战等飞行技能，激发幼儿活动的兴趣。
2.主动探究掌握投掷的正确动作，发展幼儿的手臂力量。
3.培养幼儿的团队合作意识和竞争意识。

活动准备

自制纸飞机、飞机头饰 10 个、各种飞行图卡、沙包、音乐。

活动过程

一、开始部分

1.激趣导入、准备活动。

师幼随音乐快乐入场，在活动场自由模拟飞机飞行的各种动作，如旋转、爬升、俯冲、翻跟头等。

2.谈话活动，了解自己心中的飞行员。

二、基本部分

（一）好玩的纸飞机

1.出示材料，划分场地。

出示纸飞机，引导幼儿结合生活经验用纸飞机练习旋转、爬升、俯冲、翻跟头等技能。

2.幼儿尝试按图卡要求模拟飞行。

幼儿进行自由讨论，学会按图卡要求模拟飞行。教师有意识地加以引导，让幼儿在活跃的状态下进行学习体验。

（二）投掷体验、合作探索。

1.幼儿分组探索投掷方法。教师循环参与各组活动，引导幼儿互相比较、互相观察，合作探索合理的投掷方法。

2.小组交流，推荐飞行队长。

各组交流讨论，并推荐飞行队长示范投掷方法。

（三）演习活动：勇战敌机

1.介绍演习活动规则。

请 8 名幼儿扮演侦察机（戴上飞机头饰），冲过伏击的阵地（场景设置），共同空战敌机。

2.介绍活动方法。

小小飞行员们戴上飞机头饰蹲在指定地点，做飞机飞行动作从各自划分的区域起飞，冲过阵地，在空中沿一定的路线及图卡标识飞行（飞行区域内设置的飞行标识）。教师持大型纸飞机扮演"敌机"与幼儿空战，进行投掷（沙包）。在全体飞机的围攻下，敌机渐渐被击中坠毁落地（教师大飞机落地），小小飞行员们取得了胜利。各组交换飞行员继续活动。

3.幼儿相互交流分享飞行经验。教师表扬勇敢的飞行员。

三、结束部分

1.组织幼儿进行大胆地评议、交流，以此培养他们在活动中分析问题、解决问题的能力。

2.场地、材料整理。

七 畅想广告条

活动目标

1. 训练钻、爬、滚、跳等基本技能，发展幼儿身体灵活性。
2. 幼儿能大胆运用材料进行探索，提高幼儿的创新思维能力。
3. 幼儿喜欢体育运动，培养合作能力和交往能力。

活动准备

自制广告条玩具（钻爬网、绳、爬爬圈、彩条等）、音乐。

活动过程

一、开始部分

热身活动：教师和幼儿拿着彩条随音乐跳秧歌舞。

二、基本部分

（一）初探广告条，引发幼儿创意思考

1. 出示系列自制广告条玩具，幼儿探索玩法。引导幼儿尝试将广告条制作的各种运动材料玩一玩。
2. 经验分享，相互学习。鼓励幼儿大胆分享自己探索广告条玩法的经验，向同伴介绍自己的玩法，并要求其他幼儿学一学。

（二）师幼深度探索，创新广告条玩法

1. 再度探索广告条的创新玩法，并共同总结。

活动一：骑马。

幼儿一人或多人自由选择不同规格的广告条，双腿骑在布条上，双手紧握广告条前端，玩骑马游戏。

活动二：划龙舟。

结合传统游戏，组织 8~12 名幼儿分两排坐上布条，幼儿手拿面条棍或纸棍作桨，两侧划龙舟，教师在前拉着布条前行，可开展亲子游戏多组比赛，先到达终点组获胜。

活动三：爬爬圈。

设置一定的距离，幼儿一人或多人一组，钻进圈内进行爬行比赛，先爬行到终点者为胜。也可 2~4 名幼儿站立在圈内，双手顶住布圈，共同向上滑动布条向前移动（可多组幼儿进行比赛活动）。

活动四：舞龙。

幼儿8—12人双手将广告条举过头顶，一名幼儿在前面舞信号球，全体合作根据信号球的方向变化交替走、跑等，并创编简单的舞龙动作，体验传统舞龙游戏的乐趣。

活动五：钻爬网。

将多张广告条按一定规律剪出圆洞制作成钻爬网，将钻爬网拉开距离左右固定，幼儿自由玩钻爬网游戏；可在部分网洞上添加交通标识，玩交通游戏；可玩迷宫游戏及其他环保游戏。

2.活动总结与评价。

三、结束部分

1.组织全体幼儿坐在长长的广告条上，相互做捶捶背、揉揉肩、捏捏肩、甩甩手等放松活动。

2.整理材料，活动结束。

八　胖胖熊购物

活动目的

1.通过活动提高幼儿跳跃能力和身体的协调能力。
2.培养幼儿大胆、勇于挑战的精神和自我保护的能力。
3.幼儿喜欢参加体育活动，感受合作游戏的乐趣。

活动准备

自制沙包、小熊头饰、绳子、运动垫、有口袋的围裙、小方凳、塑料圈、玩具大筐、积分卡、音乐。

活动过程

一、开始部分

教师带领幼儿一起随音乐玩《洋娃娃和小熊跳舞》模拟游戏，做好热身运动。

二、基本部分

(一) 探索小方凳的玩法

1.出示方凳，教师演示：用双手撑着方凳两腿，双脚从方凳两边跨过去。
2.幼儿尝试练习双手支撑跨过方凳。把幼儿分成六组，不比速度，只比动作标准与否。

（二）比赛活动：胖胖熊购物

1.介绍活动方法。

将幼儿分成两组，幼儿戴上小熊头饰、穿上有口袋的围裙去购物。从起点开始跑过S形小路（绳子），爬行过沙滩（运动垫），再跨过大石头（方凳），来到超市，将一件物品（沙包）装进围裙的口袋里，然后从侧面跑步返回，将物品摆放在大筐里，与下一位伙伴击掌后，继续活动。购物最多的一组获胜。

2.介绍活动规则。

注意小熊到超市每一次只能购买一样东西，从超市里买回来的物品要先放到旁边大筐里，再与小伙伴击掌。

3.幼儿游戏，教师从旁指导。

（三）增加游戏难度，再次比赛。

1.难度挑战：在去超市的路上请你先跳过一条小河（塑料圈），再跨过大石头（方凳），最后绕过小土丘。教师指导，鼓励幼儿坚持完成任务。

2.幼儿分享活动经验，师幼共同统计小熊购物的数量，对获胜的幼儿进行表扬。

三、结束部分

1.教师做活动评价。

2.师幼放松整理。

九 椅子运动曲

活动目标

1.发展跨、跳、平衡等技能，培养动作的灵敏性和协调性。
2.创设各种椅子上的游戏，增强活动的趣味性和创造性。
3.幼儿能勇敢地尝试各种平衡训练，体验挑战的成功感。

活动准备

自制椅子组合图卡（4张）、椅子、长凳、长梯、桌子、音乐。

活动过程

一、开始部分

幼儿带着小椅子入场，按场地上的标记摆放，师幼随音乐和椅子一起来做运动。（椅子热身操）

二、基本部分

（一）单把椅子的平衡运动

1.展示小椅子，鼓励幼儿和单把椅子玩一玩。

请幼儿自由跟椅子玩一玩。要求：小脚离开地面，站在椅子的任何位置，不让自己从椅子上掉下来，并请注意安全。

2.探索经验分享。

双脚或单脚站在椅面上，非常平稳。椅子侧躺，双脚（前后）站在椅子脚上。椅子趴下，双脚站在高低面上。看看谁平衡的时间更久。

（二）探索多把椅子的平衡运动

1.椅子组合的平衡练习。鼓励幼儿根据上述方法，把许多小椅子连接起来玩一玩。

2.出示图卡介绍玩法，幼儿分小组自由练习。

3.将幼儿分成两组练习，椅背朝下排成图中的小路去试一试。请幼儿根据图卡提示进行示范，如椅背侧躺、叠高、随机组合等不同形式。

（三）椅子多元组合运动

1.活动方法。

幼儿从起点出发，走过小路（小长凳），爬过小河（椅子和梯子组合），钻过隧道（桌子与椅子拼搭组合），跨越梅花桩（单把椅子交替摆放），到达终点，幼儿依次完成任务。

3.活动规则。

幼儿依次经过每个地方，要保持身体平衡，不能从椅子、梯子上面掉下来。

4.幼儿挑战活动，教师观察指导并提示安全。

三、结束部分

1.教师组织评价活动。

2.放松活动：晃晃头、耸耸肩、扭扭腰、踢踢腿、踮踮脚。

十 玩绳接力赛

活动目标

1.探索绳子的各种玩法，并且进行钻、跑、跳等动作的练习。

2.通过示范和对同伴经验的借鉴掌握循环钻绳子的技能。

3.努力控制自己，学会与他人合理分享有限的空间。

活动准备

各种规格的绳子若干、篮子、音乐。

活动过程

一、开始部分

教师带领幼儿跟着音乐做绳操：上肢运动—踢腿运动—体侧运动—体转运动—跳跃运动。

二、基本部分

（一）自由探索玩绳活动

1.出示各种规格的绳子，幼儿根据需要选择自由玩绳。教师观察孩子有哪些玩法，鼓励幼儿想出和别人不一样的方法。

2.交流玩绳方法。请幼儿示范，把自己的方法介绍给大家，幼儿借鉴同伴的方法再次尝试玩绳的活动。

3.循环钻绳练习。请幼儿两两组合，将绳子拉直，分别按高低站好，进行钻绳练习。

（二）比赛活动：钻绳接力赛

1.请幼儿两两组合，部分幼儿把自己的绳子放进篮子里，然后去找一个有绳子的人做朋友，看谁最快找到朋友。

2.介绍玩绳方法。

布置玩绳迷宫，组织幼儿从起点开始，跳过 S 形小绳路，横向爬行过小绳河道，两个幼儿拉一根绳子蹲在场地上，整齐排列。请每两个小朋友拉紧自己的绳子，在岸边拿起短绳子跳两下，然后钻过绳子隧道，到达迷宫终点。从侧面返回起点。

3.玩绳规则。

幼儿必须完成迷宫内的任务，活动才能结束，参加玩绳的伙伴必须等到钻出来的人排好队伍以后，后面的人才能继续往前钻。

4.幼儿集体迷宫玩绳，教师观察与指导，注意安全防范。

5.教师组织活动评价。

三、结束部分

做音乐游戏"邀请舞"放松，整理材料。

十一　多变的轮胎

活动目标

1. 练习攀登、平衡、跳跃等基本动作。
2. 探索轮胎的不同玩法，增进创造性思维。
3. 幼儿能积极参加体育活动，发展自身基本动作和合作能力。

活动准备

废旧轮胎每人一个、平衡木、音乐。

活动过程

一、开始部分，热身运动

教师带领幼儿听音乐模拟开汽车入场，教师不断发出信号，幼儿随信号不断变换开车节奏：汽车慢慢开—快快开—上坡—下坡—原地转弯—跳过小土丘等。

二、基本部分

（一）自由结伴合作游戏

1. 幼儿与同伴合作用轮胎做游戏，教师巡回观察指导。鼓励幼儿按照自己的兴趣特点去探索，并与同伴一起商讨玩轮胎的方法。
2. 鼓励幼儿结合自己的探索经验大胆表述并进行示范、交流分享，组织幼儿集体练习一些玩法。

（二）练习平衡、攀登、跳跃等基本动作

1. 平衡练习。

教师与幼儿合作示范玩法，将轮胎一个接一个摆好，两人手拉手分别在轮胎两侧进行走、跑练习。

2. 幼儿多人合作练习攀登、平衡、跳跃，教师巡回指导。

幼儿合作用轮胎搭建小山，请个别幼儿尝试攀爬上小山，再从小山上跳下。鼓励幼儿尝试增加难度练习。

（三）比赛活动：过小桥、爬小山

1. 介绍活动方法。

幼儿分成两队，听到口令后，第一名幼儿走过小桥（轮胎与平衡木组合）、爬上小山（轮胎搭建）、跳下小山，跳跃过小河（轮胎），再从侧面返回与下一名伙伴击掌，在规定的时间内全部完成任务的一组获胜。活动以接力形式开展，反复进行。

2.介绍活动规则。

在活动中，要保持身体平衡，不能从材料上掉下来，小组必须合作完成任务。
幼儿比赛活动，教师做好安全防护。

三、结束部分

1.小结比赛情况、合作情况。
2.幼儿听音乐做放松活动，愉快结束。

十二　袋袋乐

活动目标

1.结合袋子特征，积极探索跳、滚、钻、投等不同玩法。
2.体验合作游戏的快乐及挑战成功的喜悦。
3.培养幼儿敢于挑战、不怕困难的精神。

活动准备

废旧米袋若干（大小规格不等）、沙包、积分卡、音乐。

活动过程

一、开始部分

师幼共同热身运动。

二、基本部分

（一）激发幼儿对大口袋的探索兴趣

1.出示大口袋做的望远镜，引导幼儿观察并自由交流。幼儿在教师的引导下表演想出的玩法。
2.启发提问：袋子还可以用来玩哪些游戏？鼓励幼儿说一说。（如斗牛、滚口袋人、毛毛虫等）。

（二）幼儿自由探索大口袋的玩法

1.幼儿多次探索玩法。脚钻到里面张开、装风、折叠、卷等，教师观察，适时引导，提醒幼儿注意安全。
2.引导幼儿将自己的活动经验与大家进行分享，体验集体游戏的快乐。

（三）幼儿合作探索各种新的玩法

幼儿结伴组合探索玩法，引导更多幼儿组合玩游戏或用更多的袋子探索游戏，体验合作、交往的快乐。

（四）比赛活动：炸碉堡

1.结束比赛方法。

将幼儿分成两组，听信号从起点出发，穿着袋子学袋鼠跳连续跳过小路，钻过米袋与圈相连的地道、跑过去用手榴弹（沙包）炸碉堡（用米袋罩住椅子），迅速返回，另一名幼儿继续进行。

2.比赛规则。

幼儿必须穿在袋子里像袋鼠一样连续跳，每人一次只能投一次手榴弹。完整完成一次任务后得一分，中途犯规扣一分。

3.幼儿比赛活动，教师鼓励幼儿大胆快速前进，并做好积分记录。

4.总结与评价。鼓励获胜一组，颁发小红星。

三、放松游戏

1.组织幼儿做放松运动。

2.整理活动（布袋魔术）。带领幼儿先把口袋从一个胖子变成瘦子（将口袋竖向对折），然后再变成一个矮子（将口袋横向对折），最后再变得矮一点，变成一个小矮人（再将口袋横向对折），把小矮人送回家。

十三 舞 龙

活动目标

1.模仿舞龙基本动作，发展幼儿上肢力量，促进身体协调性。
2.通过活动培养幼儿团结合作、互相帮助的团队精神。
3.激发幼儿热爱体育活动及民间游戏舞龙的兴趣。

活动准备

自制龙玩具（一条奶粉罐龙、一条广告条龙）、纸球、积分卡、小红花、音乐。

活动过程

一、开始部分，进行热身运动

1.教师带领幼儿随音乐做热身运动。

2.谈话导入，激发对幼儿对民间游戏（舞龙）的兴趣。

二、基本部分

（一）自主尝试玩龙的方法

1.出示广告条龙，幼儿分组练习，请幼儿结合生活经验练习舞龙。幼儿分散练习，教师进行小组、个别指导和提醒。

2.交流经验，分享示范。鼓励幼儿大胆表述自己的玩法并进行示范，同时还可以设置障碍、增加难度练习。

（二）竞赛活动：双龙夺珠

1.介绍竞赛方式。

将幼儿分成两组，玩双龙夺珠比赛活动。第一组舞罐龙（奶粉罐制作），第二组舞布龙（广告条）。一名幼儿面对龙身不断变换龙珠（大纸球）的方位，8名幼儿合作举起龙身，两条龙跟随龙珠方位的变换而上下、左右变化。最先抢到龙珠的一组获胜。

2.介绍竞赛规则。

舞龙比赛实行3局2胜制，比赛第一局结束，两组交换龙身继续比赛。每一个动作的变化必须要求所有活动人员动作一致、统一协调，团结合作才能完成任务，抢到龙珠加1分。

3.幼儿比赛活动：听音乐，看龙珠，舞起来。教师巡回指导，做好安全提示。

4.师幼统计得分，颁发奖品（小红花）。

三、结束部分

1.组织活动评价，分析没有获胜的原因。
2.放松活动。

十四 报纸变魔术

活动目标

1.巩固跑、跳、爬的基本技能，促进幼儿身体发展。
2.通过自由的尝试，体验报纸的各种玩法。
3.愿意大胆探索，体验与同伴合作游戏的乐趣。

活动准备

废旧报纸若干、自制报纸球若干、30厘米宽的报纸条4条、纸棍若干、音乐。

> 活动过程

一、开始部分

幼儿随音乐手拿报纸棍入场，做热身棍操，引起幼儿兴趣。

二、基本部分

（一）自由尝试玩纸玩具，激发幼儿兴趣

1.设置问题：怎样将报纸"贴"在自己的胸口上而不掉下来。（引导幼儿充分发挥自己的想象力，进行讨论并不断尝试，教师给予适当的引导）。

2.教师示范跑步的正确姿势，师生一起将报纸"贴"在胸口上围操场跑一圈，让幼儿体会跑得越快报纸就越不会掉下来。

3.出示纸制玩具，引导幼儿多人合作，自由将材料组合、拼搭，玩出花样。教师做好观察指导。

（二）比赛活动：报纸变魔术

1.介绍比赛方法。

将幼儿分成两组，每一轮两名幼儿同时参加，听信号开始比赛。胸口贴报纸跑过小路，连续跨跳过小河（用报纸条设置），爬行过报纸条，再用报纸将纸球运回起点。另外两名幼儿继续比赛。

2.比赛规则。

报纸要贴在胸口上；不能用手帮忙，不能掉地上，比赛时两名幼儿必须统一脚步，才能共同完成任务。

3.幼儿比赛活动，教师做好安全防护。

三、结束部分

1.教师对活动进行小结。
2.带领幼儿做各种放松肌肉的活动，整理材料。

十五　矿泉水瓶的故事

> 活动目标

1.训练跑、跳、踢、投等技能，提高动作的灵敏性。
2.探索矿泉水瓶的多种玩法，充分发挥幼儿的创造性思维。

3.培养幼儿积极探索及团结合作的精神。

活动准备

装有沙子的矿泉水瓶若干、纸球、平衡木、音乐。

活动过程

一、导入活动

教师带领幼儿利用矿泉水瓶跟着音乐做准备活动。

上肢运动：双手上举，头顶换瓶。

下蹲运动：双手侧平举下蹲，于身前、身后换瓶。

扩胸运动：双手前平举换瓶。

环臂运动：分别单手甩瓶。

手腕运动：分别单手转瓶。

踝关节运动：瓶倒置于地，活动踝关节，并向前跳、向后跳。

辅助练习：瓶立地，模拟抬腿连续踩瓶。

二、基本活动

（一）自由探索活动

1.幼儿自由玩瓶子，试试有哪几种有趣的、不同的玩法。教师巡回指导，让幼儿充分发挥自主性，大胆地创造玩法。

2.幼儿分成两队面对面站好，请不同玩法的幼儿做示范，大家跟着学一学。玩法举例：玩保龄球、抛接瓶子、夹着瓶子跳、踢瓶子、头顶瓶子、置于头顶练平衡、绕瓶顺跑逆跑等。

（二）玩瓶比赛

活动一：玩保龄球。

玩法：将装有沙子的矿泉水瓶按三角形摆放（两组），幼儿站在规定的线外，用力将纸球向前推送至保龄球，看看能推倒几个保龄球，幼儿轮流玩球。

活动二：综合接力跑。

比赛方法：

幼儿每人收一个"萝卜"（瓶子），成两横队面对面站好，活动开始，幼儿成两路纵队站在起跑线前。听到信号后两组幼儿沿箭头方向，绕瓶S形向前跑，头顶瓶子过独木桥，夹着瓶子跳跃向前，单脚踢瓶子到达终点，然后拿着瓶子从两旁直线跑回起点，将瓶子放到篮子里，下一名幼儿继续活动。瓶子运得最多的一组为胜。

三、放松活动

1.师幼做模仿动作结束（穿衣服 – 刷牙 – 洗脸 – 梳头等）。
2.整理活动场地。

十六　跳竹竿

活动目标

1.学习跳竹竿游戏，发展幼儿弹跳能力。
2.愿意积极想办法解决活动中遇到的困难。
3.喜欢民间体育游戏，体验与同伴合作游戏的快乐。

活动准备

自制跳竹竿图卡、竹筒、1米长纸棍若干、音乐。

活动过程

一、开始部分

幼儿随音乐利用竹筒进行竹筒操，做热身准备活动。

二、基本部分

（一）幼儿尝试玩法

1.引导幼儿一人利用竹竿进行"一竿多玩"："竹竿可以和我们玩骑马，还可玩什么游戏？"幼儿四散游戏，教师观察与指导。
2.增加活动材料，鼓励幼儿多人探索竹竿。
鼓励幼儿多人合作将材料进行组合，大胆探究多种材料的创造性玩法。鼓励幼儿分享自己的活动经验，并和其他伙伴玩一玩。

（二）学习"跳竹竿"游戏

1.介绍竹竿玩法。
竹竿碰碰：多名幼儿一组，其中两名幼儿手拿竹竿面对面跪下，用竹竿同时分合敲击，另一名幼儿在中间看准竹竿的分合跳进或跳出。
跨栏：将竹竿平放在两个竹筒上作跨栏（多组），幼儿练习单个或连续跨栏活动。
跳小河：将竹竿按一定距离间隔摆放，幼儿练习单个或连续双腿立定跳小河活动。
2.幼儿自由组合尝试玩"跳竹竿"游戏。

3.鼓励幼儿创造性地玩"跳竹竿"游戏，师生共同参与。教师对幼儿在游戏过程中出现的合作、交往情况及时进行指导。

三、结束活动

1.组织幼儿进行评价。
2.师幼共同做放松活动。

十七　沙包大挑战

活动目标

1.充分发掘沙包的多种玩法，激发幼儿玩沙包的兴趣。
2.探究用身体各部位玩沙包的方法，促进幼儿肌肉的发展。
3.培养幼儿对体育活动的兴趣，使之感受合作游戏的乐趣。

活动准备

自制沙包若干（大小规格、颜色区别）、纸垫子。

一、准备活动

师幼随音乐入场，在活动场做热身活动，幼儿自由做抛接沙包、自抛自接沙包等活动。

二、基本活动

（一）幼儿自由探索沙包玩法

1.出示沙包，引导幼儿自由探索。教师巡回指导，并鼓励幼儿的创新玩法。
2.分享玩沙包的经验。鼓励幼儿大胆表述自己的玩法，并进行示范，请其他幼儿跟着学一学。

（二）教师总结归纳沙包的玩法

传沙包、踢沙包、左右手抛接沙包、自抛自接沙包、膝盖夹沙包跳、丢沙包、头顶住沙包走、投沙包等活动。

（三）幼儿合作活动

活动一：丢沙包。

幼儿围成一个大圆圈坐在地上，全体幼儿念儿歌，其中一名幼儿将沙包轻轻放到任意另一个幼儿的背后，然后围着圈快跑，收到沙包的幼儿拿起沙包快速追，前面快跑的幼儿要跑到收到沙包的幼儿的位置坐下，如果被追上则会被淘汰出局，依次进行。

活动二：膝盖夹沙包接龙跳。

幼儿用膝盖夹住沙包从左端跳到右端，将沙包传给下一名幼儿夹住沙包往回跳，再往下传，反复进行。

活动三：沙包综合大挑战。

将幼儿分成两组，第一名幼儿听信号将沙包平放在头顶上向前走过小路，使沙包不掉下来（顶沙包），然后用膝盖夹住沙包向前跳（夹沙包），将沙包放在脚背上用力往外踢（踢沙包），最后手拿沙包在一定的距离内将沙包投掷到圆圈中（投沙包），再从侧面返回与下一位伙伴击掌，继续活动。在规定的时间内投沙包最多的一组获胜。

三、结束活动

1. 组织幼儿评价活动。
2. 放松活动，整理材料。

十八　布棍布带好朋友

活动目标

1. 训练跑、跳、跨、爬等基本动作，发展幼儿身体的灵活性。
2. 探索布带的多种玩法，充分发挥幼儿的创造性思维。
3. 培养幼儿积极探索及团结合作的精神。

活动准备

自制彩色布带、布棍（长长的布带、短短的布棍）若干、小旗、积分卡、音乐。

活动过程

一、导入活动

热身活动：师幼边念儿歌边做运动。

自创儿歌：小小布条多有趣，我来和你做游戏；拼拼格子乐一乐，我把房子跳一跳；拼拼小河乐一乐，我用布条练跨跳；拉拉长条乐一乐，我学乌龟爬呀爬。

二、基本活动

（一）发挥想象，自由探索

1. 出示彩色布带、布棍，探索布带的玩法。根据"布"柔软、轻便的特点，引导幼儿自由选择布带或布棍的玩法，教师巡回观察与指导。

2.组合练习，多项思维。启发幼儿尝试将布带、布棍与其他材料合理组合，将跑、跳、爬、钻等动作融入活动中，创造玩出新的方法，教师做好记录。

3.相互交流，鼓励分享。请部分幼儿大胆分享自己的创新玩法，并进行示范，教师带领其他幼儿学一学。

（二）合作探究，共同完成

比赛活动：

1.介绍活动玩法。

将幼儿分成两组，听信号侧身横爬过小路（布带S形），连续跨过小河（布棍），跳绳（布带）两个，然后从运动垫的左边取一根布棍侧身翻滚到右边，跳房子（布带与布棍）夺小旗。

2.介绍活动规则。

侧身爬时，要双手双脚着地，身体成拱形横着爬；运动垫上翻滚取布棍，一人只能取一根，取到一根布棍记一分，小组累计积分，得分最多的一组获胜。

3.幼儿比赛活动。教师做好观察与记录，并做好安全防护。

三、结束活动

1.总结与评价。鼓励表现好、合作游戏、勇敢挑战的小组，并奖励小红旗。

2.放松活动，活动自然结束。

十九　有趣的推赶球

活动目标

1.培养幼儿对玩球的兴趣，掌握推赶球的动作要领。

2.培养幼儿勇敢挑战、坚持不懈的精神。

3.幼儿喜欢参加体育运动，能感受合作游戏的乐趣。

活动准备

自制纸球（人手一个）、皮球（人手一个）、玩具筐、音乐。

> 活动过程

一、导入活动

1.听音乐跟老师一起做热身运动。
2.每人从球筐里拿一个皮球。

二、展开活动

(一) 幼儿自由探索玩球的方法

1.提供材料（纸球、皮球），引导幼儿单人自由地玩皮球。
教师适时指导：自抛自接球、拍球、滚球、踢球、投球、用物运球等。
2.鼓励幼儿多人玩球。
教师提示，在单人玩球的基础上进行合作，玩出创新。教师适时指导：双人抛接球、双人对滚球、多人投球、多人踢球、用物赶球等。

(二) 探索"推赶球"的动作要领

1.讲解示范推赶球的方法及要领。
将球放地上，用手或脚推动球，让球在规定的范围内向前滚动。赶着球向前滚动要有连贯性，眼与手要协调，尽量控制球速。掌握赶球的要领。
2.讲解玩球的注意事项。
（1）幼儿推球时要排成队，向同一个方向滚动，不能互相干扰，以免球与球互相碰撞。
（2）注意滚动的速度不能太快，以误伤其他小朋友。
3.教师带领幼儿练习推赶球，教师观察与指导。

(三) 幼儿"推赶球"接力赛

1.教师做好安全防护，鼓励幼儿勇敢挑战、齐心协力完成任务。
2.活动总结与评价。奖励获胜小组小红旗。

三、结束活动

放松活动，幼儿自由玩球，整理材料，活动结束。

二十　多变的纸球

> 活动目标

1.发展幼儿赶、夹、抛等能力，提高机体的协调性和平衡性。

2.探索纸球的多种玩法，激发幼儿的活动兴趣。
3.体验与同伴合作游戏的快乐，培养幼儿的合作能力。

活动准备

自制纸球若干、套圈、小筐、音乐。

活动过程

一、导入活动

师幼热身运动：边念儿歌边做动作"走走走、排排走，一排变两排；走走走、排排走，变个圆圈走走，一个变两个半圆。"

二、展开活动

（一）幼儿初步探索纸球的玩法

1.出示纸球，引导幼儿单人自由探索。教师适时指导并观察幼儿的玩球方法，如单手转球、抛球、踢球、投球等。

2.引导幼儿多人探索纸球的各种玩法。教师参与活动，并做好观察，鼓励幼儿分享玩球经验。

（二）师幼分享常见的玩纸方法

夹纸球：幼儿用双脚前部夹纸球，跳起用力抛出。
踢着纸球跑：幼儿边把纸球踢向前方，边跟着纸球跑。
背靠背夹纸球：两名幼儿背靠背夹纸球走，锻炼合作意识。
手臂运球：两名幼儿互牵双手，运着纸球向前走。

（三）幼儿合作玩球

1.介绍比赛方法。

将幼儿分成两组，每组派出两名幼儿比赛，先听信号赶着纸球向前走，双手托球走过独木桥，用球网抛球回到起点，然后将球投进筐里。下一个幼儿继续活动，投球最多的一组获胜。

2.活动规则。

过独木桥时，手里面的球不能掉下来。抛球时，注意平衡，保持纸球不掉在地上。

3.幼儿比赛活动，教师巡回指导，鼓励幼儿的勇敢精神。

（四）接力运球

玩法：幼儿两人手臂运球走过小路，将球传给下两名伙伴背靠背夹纸球向前走，然后将球传给下两名伙伴踢着球回到起点，下一轮继续进行。

三、结束活动

1. 组织幼儿进行活动评价。
2. 放松活动。

二十一　垫上运动

活动目标

1. 发展幼儿滚、跳、爬基本动作，提高动作协调性和灵活性。
2. 探索垫子上的多种玩法，锻炼大肌肉的运动技能。
3. 增强幼儿战胜困难、勇于挑战的信心。

活动准备

运动垫（幼儿人手一个）、红蓝发带、音乐。

活动过程

一、开始部分

教师与幼儿一起随着音乐模仿各种动物做热身活动。（幼儿在活动场由慢到快，由快到慢变速进行活动）。

二、基本部分

（一）初探垫上运动

1. 出示小垫子，自由探索。

请幼儿自由选取一块垫子，在垫子上自由地玩，感受一下垫子的柔软，并说说在垫子上的感觉。

2. 交流与分享。

请幼儿介绍自己在垫子上的玩法，并示范动作。

3. 教师与幼儿一起模仿幼儿示范动作，亲密地与垫子玩耍。

（二）合作探索垫上运动

活动一：垫子变擂台。

1.将幼儿的每个垫子拼成擂台的模式,教师先进行示范,然后幼儿自由分成红蓝两组分别进行"擂台赛"。

2.红蓝双方各挑选一名幼儿进行比赛,教师公布比赛结果。

活动二:过小桥。

1.请幼儿将所有的垫子摆成一竖排,形成一座"桥",幼儿依次用爬、跑、侧身翻滚的方式通过小桥。

2.教师用自己的身体摆成不同姿势,设置障碍,让幼儿想办法用跨跳的方法方式"过桥"。

3.教师依次抽掉部分垫子让"桥"变形,引导幼儿根据垫子的变化用助跑跳远的方式过桥。

三、结束部分

1.师幼围坐一个圈坐在垫子上,随音乐一起做放松运动。

2.整理材料,活动结束。

二十二　火车过隧道

活动目标

1.开火车通过不同难度的隧道,发展合作钻爬能力。

2.能与同伴动作协调地通过障碍,体验游戏的快乐。

3.培养幼儿勇敢挑战、坚持不懈的精神。

活动准备

自制圈网、广告条、木梯、轮胎、纸箱、凳子。

活动过程

一、导入活动

教师与幼儿扮演成小火车,边念儿歌活动身体。(儿歌:小火车,跑得快,一、二、三,跑得快,三、二、一,左跑跑,一、二、三,右跑跑,火车火车快快跑)。

二、展开活动

(一)根据材料练钻爬

1.提供各种材料(纸箱、轮胎、广告条、凳子等),引导幼儿练习钻爬技能。

2.经验交流与分享。鼓励幼儿创新自己的玩法，大胆表达自己钻爬的方式，并进行示范。教师带领其他幼儿学一学。

（二）创意钻爬过隧道

1.直线钻爬隧道（钻爬广告条）。

将广告条拉着，两端用凳子固定，幼儿开火车进行钻爬。

安全提示：小火车的眼睛要看着前面的小火车，不能太近也不能太远，距离如果太近，要撞车的，不安全，如果太远，时间就浪费了。

2.宽曲线钻爬隧道（钻爬圈网）。

组织幼儿将圈网拼摆成一条直线，两侧用凳子固定，幼儿开火车进行钻爬，教师适时指导并进行安全提示："小火车要注意安全，头和身体要低一些才能不撞到隧道，小火车才不会碰撞。"

3.曲线钻爬隧道（钻爬轮胎）。

组织幼儿将轮胎按 S 形摆平，轮胎底部用其他辅材稳定，幼儿开火车钻爬曲线隧道。

安全提示：通过狭窄的轮胎通道时，要收缩身体才能顺利通过。

4.窄曲线钻爬隧道（钻爬梯子）。

组织幼儿将梯子固定在两个轮胎上，幼儿钻爬过隧道。

安全提示：双手、双脚保持稳定、注意身体平衡，慢慢钻爬过隧道。

（三）活动分享与评价

三、放松活动

1.开小火车在活动场做放松运动。
2.整理活动材料。

二十三　玩梯大战

活动目标

1.主动尝试探索梯子在不同难度下的玩法。
2.在物体上走、爬、跑、跳、平衡动作，促进身体灵活性发展。
3.培养幼儿勇敢、合作、不怕困难的精神。

活动准备

梯子 2 架、轮胎 6 个、闯关示意图 3 张、音乐。

> 活动过程

一、开始部分

教师带领幼儿随音乐做热身活动。

二、基本部分

(一) 展示材料，引发思考

1.引导幼儿观察活动材料（梯子、轮胎）。同时提出问题，激发幼儿兴趣："梯子的用途是什么？"

2.鼓励幼儿结合自己的生活经验自由讨论：果园里，用梯子摘果子；妈妈用梯子在高处取物；建筑工地的叔叔用梯子修建；消防员叔叔能登着梯子爬到楼上去救人、灭火等。

(二) 游戏大闯关

1.介绍活动规则及安全事项。

第一关：幼儿按示意图把梯子平放在地上，鼓励幼儿用自己喜欢的方式玩梯子。规则：请想出至少五种不同方法从梯子的这端到另一端，如用走、跑、爬、跳、倒走、单脚跳、双脚跳等方法过梯子。幼儿顺利通过第一关。

安全提示：在闯关时，注意力要集中，动作要慢、稳。

第二关：幼儿按示意图在梯子两头下面各放两个轮胎，把梯子放在轮胎上面，幼儿用自己喜欢的方法过梯子。规则：请大家想出至少四种方法通过梯子，即为闯关成功。

安全提示：先过梯子的幼儿要站在梯子两侧保护正在过梯子的幼儿。如果有新想法，可以再次尝试。

第三关：幼儿按示意图摆好梯子，中间三个轮胎，把两架梯子的两端分别放到轮胎上。规则：要求用三种方法通过梯子，即为闯关成功。

安全提示：闯关时，轮胎拼接处要做好防护，保障安全。

2.活动总结与评价。鼓励爱动脑、勇敢、不怕困难的幼儿。

三、结束部分

师幼放松运动，活动结束。

二十四　泡沫垫的创想

> 活动目标

1.结合泡沫垫的特点，探索多种跳跃的基本技能。

2.培养幼儿创新思维、不怕困难的精神。

3.遵守游戏规则，体验与同伴共同合作的快乐。

活动准备

泡沫垫（人手一块）、数字卡、绳子、格子布条。

活动过程

一、导入部分

用绳子摆放成创意格子，在格子内分别摆放数字卡，带领幼儿自由跳格子。（提示：左脚跳单数、右脚跳双数，或单脚跳单数、双脚跳双数）。

二、基本部分

（一）幼儿探究泡沫垫的跳法

1.出示泡沫垫，引导幼儿探索。幼儿四散游戏，教师观察幼儿活动情况，并适时指导。

2.教师小结。教师对幼儿在活动过程中出现的合作、交往的问题进行小结。

（二）幼儿合作：泡沫垫创意拼

1.鼓励幼儿合作游戏，尝试用多种方法利用泡沫垫进行任意组合与拼搭，创新玩法进行跳的练习活动。如：泡沫垫间隔平放，练习连续跨跳（或单脚跳、双脚跳）；泡沫垫相靠竖向放，练习跨跳等。

2.泡沫垫大探索。教师用语言或简单的动作提示或帮助。

活动一：泡沫垫变长龙。

幼儿将各自的泡沫垫连成两条长龙铺在地上，幼儿分成两组，以接龙竞赛形式从泡沫垫的一端爬到另一端。

活动二：小兔跳跳。

幼儿将泡沫垫每两块连接在一起，每隔一段距离就摆放一组，泡沫垫横向摆放，共摆五组，其间距要相等。幼儿做小兔跳的姿势跳过每块泡沫垫。

活动三：泡沫叠叠高。

将泡沫垫叠高平放，双脚并拢跳过。提示："请逐步加强高度，看看自己最高能跳过几块泡沫垫。"

三、结束活动

将泡沫垫平放，幼儿围坐。相互敲敲背、捏捏腿，做一做放松运动。活动自然结束。

二十五　飞盘行动

活动目标

1. 训练单双脚跳、抛、滚等基本技能，促进动作的协调发展。
2. 探索圆盘的多种玩法，培养幼儿的创造思维。
3. 积极参加体育运动，体验合作完成任务的乐趣。

活动准备

自制环保游戏图卡若干、奶粉罐盖子若干、塑料飞盘和筷子若干、音乐。

活动过程

一、开始部分

热身活动：幼儿人手一个圆盘、一只筷子，听信号跳《蝶操》热身活动。

（一）尝试圆盘的多种玩法。

1. 出示各种大小圆盘，引导幼儿玩一玩。根据圆盘的特点，启发幼儿尝试创新玩法，教师适时进行指导。

2. 经验分享，交流学习。幼儿大胆分享自己或小组的玩法，并进行示范，鼓励其他幼儿学一学。

（二）师幼共同探索圆盘的玩法

1. 师幼共同探索并总结玩法。

活动一：抛飞盘。

幼儿一人或多人站在起点线外，双脚弓箭步，手拿飞盘平行向外抛出去，飞到最远的幼儿获胜。

活动二：滚圆环。

幼儿一人或多人玩滚圆环游戏，幼儿将飞盘立在地面，有技巧地向前滚推，滚得远者为胜。

活动三：环保游戏棋。

幼儿自由设计摆放棋盘，一人或多人玩棋。首先从起点开始扔骰子，扔的数字几就跳几步，根据棋盘上的环保提示语进行进退跳跃。如："爱护小鸟进3步（或者"浪费粮食退2步"），幼儿任意选择双脚或单脚跳跃前进或后退，先跳到终点者为胜，游戏反复进行。此游戏根据幼儿发展需要可在棋盘上变换内容，如文明礼貌棋、数字棋、加减棋等，幼儿根据更换的内容，玩相应的游戏。

2.组织幼儿进行活动评价。鼓励积极动脑、勇于挑战、遵守活动规则的幼儿。

三、结束部分

师幼放松活动，整理材料。

二十六　泡泡乐翻天

活动目标

1.练习追逐、躲闪等基本技能，发展动作的灵敏性、协调性。
2.尝试泡泡的多种玩法，体验创新玩法带来的成功体验。
3.乐于参与体育运动，培养幼儿健康活泼的性格。

活动准备

自制扎好的塑料袋泡泡若干、大玩具筐2个、线路设置。

活动过程

一、开始部分

1.师幼共同热身活动：齐步走、跑步走练习。
2.猜谜语，引出话题。
"看不见，摸不着，不香不臭没味道，天天在我身边飘，动物植物离不了。（空气）你有什么方法把它抓住？"

二、基本部分

（一）泡泡飞飞飞

1.出示玩具：塑料袋扎好的泡泡。
装满空气的塑料袋就像一个大泡泡，轻轻一顶，泡泡就会飞起来。鼓励幼儿想一想、试一试，还可以用身体的哪些部位让泡泡飞起来？再告诉大家。
2.幼儿自主尝试顶泡泡。鼓励幼儿自由探索泡泡飞得最高的方法（力气大、瞄得准），并与同伴进行交流分享。
3.幼儿分组再次玩泡泡，比一比谁的泡泡飞得高，提醒幼儿在追逐中学会躲闪。教师观察活动情况，并进行适时进行指导。

（二）泡泡滚滚滚

1.幼儿探索滚泡泡的方法。引导幼儿自由探索，找到让泡泡在地上滚动的方法：用手赶、用脚踢。

2.幼儿验证滚泡泡。在直线上，脚的力气大，泡泡滚得快；转弯的地方，用手比较好控制方向，所以，每一种方法都有自己的优点，只有试过之后才知道。

（三）比赛活动：泡泡乐翻天

1.玩法：幼儿分两组，听信号出发，滚泡泡过弯小路，用手臂顶泡泡走直路，到达指定地点后踩泡泡，泡泡爆炸就像放爆竹，砰砰砰。

2.幼儿综合玩泡泡。教师提示活动中的安全，在追逐中学会躲闪，避免相互碰撞并鼓励幼儿的创新玩法。

三、结束部分

1.组织幼儿进行活动评价。
2.放松活动。

二十七　可乐瓶的秘密

活动目标

1.通过游戏发展跳、跨、跑基本动作及身体平衡能力。
2.培养幼儿竞争意识、勇于挑战自我的精神。
3.乐于参与运动，体验游戏带来的快乐。

活动准备

废旧可乐瓶若干（装有豆子的一个）、小旗、活动标记（一只大脚丫、两只小脚丫、一个长方形、一个S形）、音乐。

活动过程

一、开始活动

幼儿人手拿可乐瓶入场，教师出示装有豆子的可乐瓶，带领幼儿进行热身活动，幼儿用可乐瓶随教师的口令信号打节奏。（上敲敲，下敲敲、左敲敲、右敲敲）。

二、基本活动

（一）幼儿自由探索可乐瓶的玩法

1.出示材料、幼儿四散自创玩法。教师巡回指导，鼓励幼儿与同伴合作尝试更多玩法，提示幼儿注意安全、避免误击、碰撞等情况。

2.引导幼儿介绍自己创编的玩法，互相模仿学习，如单脚跳、双脚并拢跳、跨越、跑步绕障碍等。

（二）比赛活动：智力大闯关

1.场景布置。幼儿根据活动场地上的标记：如一只大脚丫、两只小脚丫、一个长方形、一个S形等，按要求摆放可乐瓶。

2.介绍比赛玩法及要求。

将幼儿分成两组，听信号开始活动。双手叉腰，单脚连续跳过8个间距的可乐瓶。来到小河边，双手叉腰，双脚并拢连续跳过8个间距的可乐瓶，落地时注意弯曲双膝加以缓冲。来到小河沟，左右脚交替跨越8个间距的可乐瓶，在跑道中呈S形跑步绕过8个有一定间距的可乐瓶，取下一面小旗，然后从侧面跑到起点，插上小旗，下一名幼儿继续活动。取得小旗最多的一组获胜。

3.介绍活动规则。

安全提示：在双脚跳落地时注意弯曲双膝以缓冲；注意不要踩在可乐瓶上，以免摔倒；在跑步绕行时保持与瓶子的距离，避免碰倒瓶子。

4.幼儿比赛活动。教师观察与指导，同时根据幼儿的发展情况，变换部分可乐瓶的摆放位置，增加活动难度。

三、放松活动

1.放松活动：捏捏脚、摇摇腿、揉揉肩、捶捶背、扭扭腰。
2.整理材料，活动结束。

二十八　勇敢的小骑手

活动目标

1.动作协调、灵敏地快跑和助跑跨跳。
2.能勇敢、大胆地参与活动，遵守游戏规则。
3.培养幼儿的团结合作能力。

活动准备

自制跨栏4个（奶粉罐与木棍组合）、梅花桩（奶粉罐）、积分卡、辅助运动器械、音乐。

> 活动过程

一、导入活动

教师带领幼儿扮演蒙古族小牧民，随音乐做骑马模仿操：自由创编上肢、下蹲、体侧、体转、跳跃等放松运动。

二、展开活动

（一）幼儿自由探索助跑跨跳技能

1.幼儿分散练习快跑。引导小牧民骑着马儿自由地在草原上奔跑，教师做好安全提示。
2.练习助跑跨跳。
出示运动材料，作为小山坡设置在活动场地，引导小牧民一只脚用力蹬地，另一只脚跳起来跨越过小山坡。
3.幼儿根据材料，自由组合分散练习助跑跨跳的动作。教师观察幼儿活动情况，鼓励幼儿勇敢大胆地参与活动，并请个别做得好的幼儿示范。

（二）比赛活动：勇敢的小骑手

1.介绍玩法。
将幼儿分4组排好，听信号开始比赛活动（每4人为一轮）。先快跑过草地，再连续跨跳过小山坡，然后跨越过小河桥墩，绕过梅花桩返回起点。下一轮幼儿继续进行，最先完成任务者获得第一名。
2.介绍规则。
遵守游戏规则，4人一轮听信号开始游戏，不抢先，遇到障碍需跨跳过去。
3.幼儿比赛活动。
教师做好观察与指导，随时提醒幼儿活动中的安全教育，鼓励表现积极的幼儿。
4.活动总结与评价。

三、结束活动

做放松动作，整理材料，结束活动。

二十九　纸上运动

> 活动目标

1.自由探索纸上玩法，发展幼儿多种运动的综合能力。

2.掌握跑、跳、钻、爬等技能，发展动作的灵活性和协调性。
3.愿意大胆尝试，体验与同伴共同游戏的乐趣。

活动准备

废纸制作的玩具（纸球、纸棍、纸圈等）、旧报纸若干、音乐。

活动过程

一、准备活动

教师带领幼儿随音乐做准备活动。

二、基本活动

（一）幼儿探索活动

1.出示用废旧报纸制作的物品，引导幼儿观察，了解环保材料二次利用的价值。

2.自由探索玩法。教师提出问题：怎样玩报纸？鼓励幼儿一人或几人合作玩，探索多种玩法。

3.相互示范并学习各种玩报纸的方法，如单脚或双脚在报纸上跳、跨过报纸练跳远、在报纸上爬行、钻爬等纸上运动。展示不同玩法，教师对幼儿创造的方法及时给予肯定和鼓励。

（二）探究活动：纸上运动

1.幼儿分组练习纸上的各种运动技能。

活动一：轻轻落地跳。

玩法：幼儿用单脚或双脚在报纸上跳，不把报纸弄破。幼儿自主练习，教师重点指导能力差的幼儿轻轻落地跳。

活动二：跳远。

将大报纸对半折后平铺在地，请练得好的幼儿示范，可随意调节距离，幼儿分散练习，教师鼓励能力强的幼儿尽量跳得远些。

活动三：钻山洞。

指导部分幼儿把大报纸连起来高举过头，变成一座"山洞"，其余幼儿玩钻"山洞"的游戏。

活动四：爬行。

幼儿把大报纸一张连一张平铺在地上，请一名幼儿示范，用膝盖跪在报纸上向前爬行，小心不能弄破报纸。

2.幼儿分享活动，鼓励幼儿大胆分享自己在活动中的经验以及创新玩法。

3.活动总结与评价。

三、结束活动

师幼放松活动，整理材料。

三十　抛接乐

活动目标

1.发展走、跳、推、转、抛、接等基本动作及身体平衡能力。
2.掌握两人或多人合作玩"抛接球"的基本方法。
3.体验快乐运动的感觉，并用肢体动作感知运动节律的变化。

活动准备

自制纸球、报纸、篮子、音乐。

活动过程

一、开始部分

热身活动：教师带领幼儿做纸棍操。

二、基本部分

（一）初探纸球玩法

1.幼儿自由探索纸球的玩法。教师引导幼儿自由探索纸球的玩法，鼓励玩出和别人不一样的花样，适时进行指导。
2.鼓励幼儿分享交流自己的玩法，并进行示范。

（二）幼儿多人合作探索抛纸球

1.教师示范抛接球，并请幼儿分组尝试。
活动一：抛纸球。
玩法与规则：在地上画相距 3~4 米的两道线，幼儿手拿纸球分成两组分别站在两条线外面对面站好，教师发口令，两组幼儿把自己手中的球抛向对面的投掷线，然后再把对方抛过来的球捡起抛回去。教师用铃鼓作信号。拍铃鼓，幼儿抛球；铃鼓声停止，幼儿停止抛球。
活动二：你抛我接。

玩法与规则：幼儿两人一组，一人手拿篮子，另一人将纸球投进篮子里，拿篮子的幼儿可以改变方向、高低、距离，尝试去接纸球。接到后互换角色进行游戏。请一对幼儿做示范，提醒幼儿两人要合作好。

2.鼓励幼儿分享活动经验。

（三）竞赛活动：抛接乐

1.比赛方法。

幼儿分成两组，面对面站立，一组负责抛纸球，一组负责接纸球（每位幼儿抛5个纸球），然后抱着纸球走过独木桥，再推球过小路，最后将纸球用力投进筐内，返回起点。最先完成任务者获胜。最后看谁投进篮子里的纸球多，最多者获胜，并颁发奖牌。然后互换角色，再开始游戏。

2.活动评价。

组织幼儿围坐成圆，表扬表现好的幼儿，评选最佳的投球手和接球手，并奖励小红星。

三、结束活动

教师和幼儿随音乐做放松整理运动，共同整理活动场地。

三十一　巧玩纸箱

活动目标

1.积极探索纸箱的多种玩法，提高幼儿创造力与探索能力。
2.借助纸箱进行自主活动，综合发展幼儿的跑、跳、钻、爬等方面的基本动作。
3.培养幼儿勇敢挑战、克服困难的精神。

活动准备

废旧纸箱若干、纸球若干、彩旗若干、绳子、篮子、音乐等。

活动过程

一、开始部分

教师带领幼儿利用纸箱做走、跑等动作，活动身体各部分，跟随音乐做动作，活跃活动的气氛。

二、基本部分

（一）自由探索与交流分享纸箱玩法

1.启发观察，激发兴趣。

引导幼儿观察纸箱，自由交流纸箱的用途，充分发挥想象："纸箱能变成什么？"激发幼儿参与活动的兴趣。

2.创设情境，自由探索。

情境游戏：开小汽车。幼儿自由想象、实践，完成规定要求，鼓励幼儿想出不同的办法来开动汽车。教师观察指导，鼓励好的方法，对有困难的幼儿进行个别帮助。

（二）激发兴趣，创新活动形式

1.启发幼儿多人合作继续探索不同的玩法，教师观察指导，并有意识引导幼儿练习助跑、跨跳动作。

2.鼓励小组间相互交流玩法，并请幼儿分享自己的游戏经验。

（三）比赛活动：运果子

1.场景布置：绳子分隔的小路，把纸箱立起来（或纸箱叠放）做小河（高低不等多组），8名幼儿面对面站立，抬着纸箱做山洞（两个山洞）。

2.介绍比赛玩法。

将幼儿分成4组，分两轮进行，根据信号开始比赛。每组幼儿从起点出发，跑过小路，跨过小河（纸箱），钻过山洞（纸箱），再开着小汽车（纸箱）快速将果子（纸球）运回起点放入篮子中。用时最短的一队获胜。

3.比赛规则。

在钻爬时，全体必须有序地钻爬进山洞。在跨跳时，幼儿可选择高低不同的纸箱进行跨跳。

4.幼儿合作比赛活动。教师鼓励幼儿小组合作，齐心协力完成任务，对速度最快的一队进行鼓励，把彩旗发给获胜队。

三、结束部分

师幼共同放松活动，整理材料，结束活动。

三十二　竹条竹筒对对碰

活动目标

1.探索竹条与竹筒的多种玩法，拓展幼儿的思维。

2.训练钻、跑、跳、爬各项技能，培养幼儿身体的协调能力。
3.幼儿能与同伴相互合作，体验体育运动的乐趣。

活动准备

竹筒（人手一个）、竹条（人手一根）、音乐。

活动过程

一、开始部分

幼儿每人一根竹条分四排站好，师幼一起随音乐跳竹条操（上肢运动、体侧运动、体转运动、跳跃运动）。

二、基本部分

（一）引导幼儿玩竹条的兴趣

1.出示竹条，引发兴趣。提示：玩的时要注意安全，引导幼儿想出不同的玩法，可以一人或与小伙伴一起玩，看谁想的玩法多。

2.鼓励幼儿展示自己的玩法。幼儿个别展示自己玩竹条的方法以及自由结伴交流合作不同的玩法，如跳绳、挑水、拉弓等。

（二）幼儿合作玩竹条

活动一：钻山洞。

将幼儿分成四组，请第一、二组的幼儿做山洞，其他两组的幼儿来钻山洞，在钻的时候可以正着钻，可以侧着钻。（提醒做山洞的幼儿将竹条由低到高慢慢地提升）

活动二：并排跳竹条。

将幼儿分成四组，请第一、二组的幼儿拉竹条，其他两组的幼儿跳竹条，幼儿练习单脚跨跳、双脚立定跳、连续跨跳、侧身跳等，两轮幼儿交换练习。

（三）探索竹条与竹筒结合的多种玩法

1.小组竞赛：竹条竹筒好朋友。

玩法：将幼儿分成两组，从起点连续跑跳过小河（竹条），跨跳过竹筒梅花桩，钻爬过山洞（竹条），将竹筒滚回起点，先完成任务的一组获胜。

2.小组合作比赛活动。教师观察，适时指导，并做好活动中的安全防范教育。

3.组织幼儿进行活动评价，分享活动经验，鼓励表现优秀、合作较好的小组。

三、结束部分

放松活动、活动自然结束。

三十三 竹筒运物

活动目标

1.引导幼儿探索竹筒的多种玩法，激发其对体育活动的兴趣。
2.用竹筒训练平衡、走、跑、跳的技能，提高动作的协调性。
3.培养幼儿勇敢挑战、克服困难的精神。

活动准备

竹筒若干、塑料桶2个、乒乓球若干、积分卡2张、拱形塑料玩具、音乐。

活动过程

一、开始部分

1.师幼一起随着音乐做竹筒操：上肢运动、下肢运动、踢腿运动、体转运动、整理运动。
2.谈话导入，谈话引发幼儿思考：竹筒可以做打击乐，还可以做运动。

二、基本部分

（一）探索一人玩竹筒的方法

1.幼儿自由探索一人玩法，教师巡回观察。出示竹筒，引导幼儿观察后一人尝试玩一玩，可以用身体哪些部位玩？（提示：竹筒不能打到别的小伙伴）。
2.小组交流展示自己的玩法，如：做万花筒、踢着玩、夹竹筒跳、滚筒玩等。
4.大家集体练习夹竹筒跳

（二）探索多人玩竹筒的方法

1.教师提出要求，鼓励幼儿多人玩竹筒。
2.幼儿小组分享并交流玩法。鼓励幼儿大胆表达自己的经验，并进行示范。教师小结：横排单脚跳、双脚立定跳、竖排跨跳、竖起来走"S"形等。

（三）合作比赛：竹筒运粮食

情景：电话铃响，老师跑去接听，小兔家没有粮食了，请小伙伴们帮忙运粮食。
1.介绍活动方法。
　　幼儿分成两组，听信号出发，幼儿拿着竹筒跑过S形小路，钻过小山坡（塑料拱形），走过小桥（竹筒梅花桩）、跨跳过障碍（竹筒跨栏），模拟将竹筒里的粮食倒入大桶内，拿着竹筒返回起点，最先运完的一组获胜。
2.幼儿分组比赛，教师观察与指导，并做好安全提示。

三、结束部分

师幼共同做放松运动，清理场地和材料。

三十四　神奇的布袋

活动目标

1. 训练幼儿滚、跳、爬等动作，发展幼儿的综合体能。
2. 尝试利用布袋开展活动，激发幼儿参加体育运动的兴趣。
3. 培养幼儿勇于尝试、克服困难的精神。

活动准备

布袋若干、各种动物头饰若干、小旗、音乐。

活动过程

一、开始部分

1. 热身运动：教师带领幼儿走跑交替入场。
2. 随音乐组织幼儿做小动物模仿动作。

二、基本部分

（一）幼儿初探布袋的玩法

1. 出示布袋，引导幼儿观察。启发幼儿个人或多人探索布袋的不同玩法，提醒幼儿注意安全，并注意观察幼儿玩布袋的情况。

2. 幼儿交流布袋玩法。教师鼓励幼儿大胆分享自己的玩法，请部分幼儿演示布袋的不同玩法，其他幼儿学一学。

（二）幼儿探索"滚"布袋

1. 讲解用布袋做"滚"的动作的要求。

双脚放进布袋里，将布袋往上拉直，双手举起伸直，平躺在运动垫子上，左右侧身连续翻滚，注意身体不要滚在地面上。

2. 幼儿练习各种滚的动作，教师巡回指导，提醒幼儿活动时注意安全。

（三）幼儿合作比赛活动

活动一：动物模仿秀。

出示动物头饰。幼儿自由选择模仿对象，引导幼儿利用布袋表现该动物多种行走的方法。

活动二：森林大冒险。

1.活动方法。

幼儿分成两组，每组两人一起活动。听信号两人用布袋运物品走过小路，双脚放进布袋做袋鼠跳过草地，再滚过小桥（运动垫），来到森林，取下小旗回到起点（克服困难走出森林），将小旗插进筒里。第二轮继续开始，取得小旗多的一组获胜。

2.活动规则。

两人合作运物品，每次只能运一件物品，取得小旗的幼儿必须将物品放进筐内，与下一轮伙伴击掌后，才能继续比赛。

3.幼儿比赛活动，教师观察，并做好安全提示。

三、结束活动

1.活动总结，鼓励获胜的小组。
2.放松活动。

三十五　好玩的纸棒

活动目标

1.探索纸棒的不同玩法，进一步萌发创新与合作的意识。
2.训练幼儿助跑、跨跳、推等动作，提高动作的协调性。
3.增强幼儿对体育活动的兴趣以及克服困难的信心。

活动准备

自制纸棒若干、纸球若干、玩具筐2个、音乐。

活动过程

一、开始部分

1.热身活动。

师幼手持纸棒入场，随音乐边念自创儿歌边模仿各种动作，如：学小兔，跳一跳；学大马，跑一跑；学小鸟，飞呀飞；学划船，摇一摇；坐秋千，荡一荡等。

2.集体练习纸棒操。

二、基本部分

（一）探索玩纸棒的不同方法

1.幼儿自由玩纸棒，初次探索不同玩法。引导幼儿一人自由地和纸棒玩一玩，教师做好观察与指导。

2.交流与分享，教师鼓励幼儿大胆介绍自己的玩法，并示范玩法，让其他幼儿学一学。

3.幼儿合作玩纸棒，进一步探索纸棒的多种玩法。鼓励幼儿多人合作探索纸棒的玩法。教师巡回指导、观察，并把助跑跨跳动作练习融入幼儿的玩法中。

4.小组分享合作玩纸棒的方法并进行示范。

（二）师生互动探索纸棒玩法，推出助跑跨跳的动作

1.设置场景，师幼共同探索纸棒玩法。鼓励幼儿用纸棒搭成不同宽度的"小河"（有的地方宽，有的地方窄），提示幼儿根据自己的能力选择适合自己的宽度跳过小河。

2.教师总结助跑跨跳玩法。先跑过去，再单脚起跳，双脚落地，这种跳法叫助跑跨跳。

（三）合作游戏：纸棒变变

1.介绍游戏玩法及规则。

将幼儿分成两组，听信号开始比赛。从起点开始跑过小路，单脚、双脚交替跳过房子（纸棒搭成），连续跨跳过小河（纸棒间隔摆放），到达河对岸，拿着一个纸球，用纸棒推赶球回到起点。第二名幼儿继续，运回球最多的一组获胜。

教师重点强调来回的路上都要助跑跨跳的方法。

2.幼儿合作游戏。

幼儿合作参加比赛活动，教师观察与指导，并做好活动中的安全教育。

3.活动总结与评价。（教师对活动进行评价）。

三、结束部分

放松、整理活动。

三十六　网中大挑战

活动目标

1.掌握匍匐爬的基本技能，发展幼儿自控能力及身体协调性。

2.培养幼儿勇敢挑战、不怕困难的精神。

3.积极参加体育运动,体验合作完成任务的乐趣。

活动准备

自制绳编网一张、广告条钻网一组、运动垫子、凳子、椅子、沙包、玩具箱、音乐。

活动过程

一、开始活动

热身活动:教师带领幼儿模仿开飞机动作入场后蹲下,随音乐听信号做放松活动。如起飞、原地站起、飞行(快、慢跑)、旋转、原地自转、俯冲(屈腿跑)等模拟动作。

二、基本活动

(一)钻网探究

1.出示各种材质的网,引导幼儿尝试钻网。幼儿自由探索钻网练习,教师指导观察动作(匍匐爬)及动作要点,并根据尝试练习中出现的问题进行小结。

2.幼儿分享与交流。教师鼓励幼儿大胆分享自己的活动经验,并进行示范,要求其他幼儿学一学。

(二)比赛活动:网中挑战

1.布置场景。

第一、在大运动垫两侧放上凳子,将绳编网两侧拉直固定在凳子上。

第二、一条独木桥(平衡木)。

第三、将广告条钻网固定在两侧椅子上。

第四、一筐炸弹(沙包)。

2.介绍活动玩法。

幼儿分为两组,第一名幼儿听信号在筐里拿一炸弹(沙袋),跑步出发,匍匐爬行过绳编网,钻过广告条钻网,跨过小土坡(小椅子),拿着炸弹向敌人的阵地扔去(大玩具箱),夺回小旗,然后从侧边返回起点。下一名幼儿继续比赛,先完成任务的队伍获胜。

3.幼儿比赛活动。教师仔细观察并适时指导,同时做好安全防护教育。

4.组织幼儿进行评价活动。

三、结束活动

组织幼儿坐在运动垫上做放松活动,清理场地,活动结束。

三十七　小士兵炸碉堡

活动目标

1. 练习匍匐爬、投掷的动作技能，提高动作的协调性。
2. 在活动中能有意识地控制身体，发展幼儿大小肌肉群。
3. 学会合作与交流，养成不怕困难的意志品质。

活动准备

自制松紧带钻爬网 2 个，沙包、纸球若干，拱形玩具，运动垫，大号滚筒 2 个，面条棍，体能环，音乐。

活动过程

一、开始部分

教师带领幼儿随音乐做热身活动。师幼利用面条棍、体能环开展热身活动，做好比赛活动的准备。

二、基本部分

（一）小乌龟爬呀爬

1. 出示运动垫，引导幼儿自由探索垫上爬行的各种方法。
2. 教师重点指导匍匐爬的基本动作，幼儿反复练习，感知不同爬行的动作要领。

（二）投掷小能手

1. 教师提供小沙包，引导幼儿自由探索不同的投掷方法。
2. 提供大纸球，鼓励幼儿在规定的范围内练习投掷、投准。

（三）比赛活动：小士兵炸碉堡

1. 介绍比赛方法。

幼儿自由分成两组，成两路纵队分别站在起点线后等待。游戏开始后，每组一名幼儿手持炸药包（沙包）钻过山洞（拱形玩具），助跑跨跳过小河（体能环），匍匐爬过电网（松紧带钻爬网），将炸药包奋力投过敌方的碉堡（滚筒），然后从外侧迅速跑回起点。与第二名幼儿击掌，第二名幼儿出发，游戏继续。先完成任务的小组获胜。

2. 介绍比赛规则。

第一，小士兵匍匐爬的动作要规范。
第二，必须击掌后第二名小士兵才能出发，不能抢跑。

第三，每名小士兵只有一次投炸药包的机会。
3.幼儿比赛活动。（安全提示）
（1）教师根据幼儿能力，可以适当调整路径设置。
（2）注意提醒幼儿钻山洞时侧身钻，避免摔跤。

三、结束部分

1.组织幼儿进行分享与活动评价。
2.师幼共同做放松活动，整理材料。

三十八　趣玩沙包

活动目标

1.发展幼儿动作的协调性、灵敏性、准确性。
2.练习幼儿双腿夹物跳的动作及准确投掷的能力。
3.培养幼儿在活动中的耐力及勇敢挑战的精神。

活动准备

自制小沙包若干、小兔子比赛卡、小乌龟比赛卡、大圆圈2个、音乐。

活动过程

一、导入活动

1.情景模拟操：教师组织幼儿来到活动场地，师生共同念儿歌："今天天气真正好，小朋友们来做操，伸伸臂，伸伸臂，弯弯腰，弯弯腰，踢踢腿，踢踢腿，蹦蹦跳，蹦蹦跳。"
2.出示沙包，激发幼儿兴趣。

二、展开活动

（一）探索沙包的玩法

1.幼儿自由玩沙包，教师观察指导，启发幼儿积极参与，想出更多办法。
2.师生共同讨论沙包的多种玩法，幼儿相互模仿。教师让幼儿展示自己与其他幼儿不同的玩法，让幼儿相互交流，相互模仿，体验游戏的快乐。
幼儿玩沙包的场景：有用沙包投掷物体的，有踢沙包的，有像小乌龟一样背着沙包爬的，有的夹在腿间像小白兔跳的，有用头顶、用肩扛的，有相互配合传沙包的，幼儿想出了许多好玩的玩法。

(二) 幼儿合作游戏

1.练习双腿夹物跳、准确投掷。

活动一：龟兔赛跑。

玩法：把幼儿分成两组，一组扮小白兔双腿夹沙包，进行跳跃前进，另一组扮小乌龟背着壳（沙包）向前爬，两组同时前进。小组幼儿依次进行，最先到达终点者获胜。

规则：中途沙包掉落，需放好后继续前进。

活动二：炸碉堡。

玩法：将幼儿分成四队，人手一颗手榴弹（沙包），分别站在起跑线，教师发出信号："1、2、3出发！"每队第一个幼儿立即跑出，到跨栏前拿起手榴弹（沙包）向敌人碉堡（圆圈内）投去，如此依次进行，打中碉堡次数最多的小组获胜。

规则：必须到跨栏前才能将手榴弹扔出。

2.活动总结与评价。

三、结束活动

师幼一起做放松运动，整理材料，结束活动。

三十九　布的联想

活动目标

1.提高抖、S跑、跨跳和爬行技巧，锻炼幼儿的上肢力量和身体的灵敏性。
2.培养幼儿机智果断、顽强拼搏的良好品质。
3.幼儿乐于参与体育活动，体验运动的乐趣。

活动准备

废旧广告条4条、溜溜布（宽窄规格不同）4条。

活动过程

一、开始部分

1.谈话导入，引发活动的兴趣。
2.师幼共同游戏：请你跟我这样做。教师不断变化信号口令，幼儿随口令变化做一做。

二、基本部分

（一）提供材料，引起幼儿兴趣

1.幼儿自由探索溜溜布（或广告条）的玩法。教师鼓励幼儿动脑玩，并做好指导。
2.鼓励幼儿根据自己的活动经验进行分享，大胆展示自己的玩法，并进行示范，如大波浪、小波浪、小风、大风等。幼儿在教师指导下听口令学习集体协调活动。

（二）合作游戏：溜溜布大探索

1.介绍活动玩法与规则。
活动一：飞渡"铁"索桥。
玩法：全体幼儿拉着布的边沿，利用上肢力量共同拖动溜溜布使身体向前滑行等，教师帮助力量小的幼儿协调用力。可双手上下抖动溜溜布，增加活动难度。
活动二：海底隧道。
玩法：利用溜溜布设置情景，让所有幼儿拉着溜溜布两边，相互协助上下起伏蹲起、跳跃、S线跑等动作练习。
活动三：捞鱼。
玩法：用溜溜布拉成一张渔网，幼儿做小鱼，当网上面的鱼时，小鱼要尝试从渔网下钻过或爬过，当网下面的鱼时，小鱼要尝试从渔网上跳过。小鱼知道躲避危险，提高动作的灵敏度。
2.幼儿合作探索游戏，教师做好观察与指导，并做好安全防护教育。

三、结束部分

1.活动总结与评价。
2.放松运动，活动结束。

四十　纸板圈大探秘

活动目标

1.通过钻、爬、滚动作练习，发展幼儿动作的协调性。
2.能大胆地运用纸板圈探索多种玩法，培养幼儿思维能力。
3.幼儿乐于参与体育活动，能体验运动的乐趣。

活动准备

自制纸板大圈5个、纸板小圈5个、各种纸箱、音乐。

活动过程

一、导入活动

谈话活动：让幼儿了解纸箱是一种环保材料，可以通过改造，制作成各种体育活动材料。纸箱的用途可大了。

二、基本活动

（一）初探纸板圈的玩法

1.提出问题，纸板圈可以怎么玩？请幼儿相互交流，并结合生活经验尝试一种纸板圈的玩法，教师适时指导。

2.尝试多人合作，多个纸板圈组合玩。鼓励幼儿利用多个纸箱圈进行组合玩一玩，教师做好观察与记录。

3.幼儿分享纸板圈的玩法。请部分幼儿介绍自己的玩法，并进行示范。

（二）纸板圈大探秘

1.幼儿合作探索纸板圈的玩法，教师总结。

活动一：爬爬圈。

幼儿钻进纸板圈内，双脚跪在纸板圈，双手在圈板内往前爬，让纸板圈滚起来，也可一人或几人同时站在圈内，双手顶在圈上用力向前滑动，让纸板圈向前滚动。幼儿可根据玩圈人数自由选择圈的大小。最先爬行到终点者获胜。

活动二：彩龙船。

幼儿将纸箱套在身体上，双手提着纸板圈两侧边沿，随音乐节奏玩民间"彩龙船"游戏。

活动三：开火车。

幼儿将纸板圈套在自己身体上，依次排成纵队，将自己身体上的纸板圈与前一名幼儿的纸板圈靠在一起，用双手握住两个纸板圈边沿，做成大接龙，玩开火车游戏。或多名幼儿同时钻进同一个大纸板圈，双手紧握纸板圈两侧，大家共同保持平衡，玩开火车游戏。火车可绕过障碍，开过平衡桥，最后开到终点。

2.各组幼儿交换材料玩一玩、交换方法玩一玩。请幼儿相互交换玩法，鼓励创新玩法。

三、结束活动

1.整理材料。

2.教师扮演火车驾驶员，全体幼儿依次牵着前一名伙伴的衣服，开火车退场，活动结束。